本套教材出版获以下资助：

暨南大学高水平大学建设专项资金

教育部中外语言交流合作中心国际中文教育精品教材
"1 + 2"资助工程

CENTER FOR LANGUAGE
EDUCATION AND COOPERATION
中外语言交流合作中心

暨南大学华文学院
College of Chinese Language and Culture .Jinan University

MPR
MULTIMEDIA PRINT READER
www. mpreader. com

国际中文教育精品教材

汉语言专业规划系列教材

i 学中文

第一册

总 主 编 ◎ 王衍军　林奕高　张　艳

分册主编 ◎ 张　艳

暨南大学出版社
JINAN UNIVERSITY PRESS

中国 · 广州

图书在版编目（CIP）数据

ｉ学中文．第一册/王衍军，林奕高，张艳总主编；张艳分册主编．—广州：暨南大学出版社，2024.11

汉语言专业规划系列教材

ISBN 978 - 7 - 5668 - 3863 - 6

Ⅰ. ①ｉ⋯　Ⅱ. ①王⋯　②林⋯　③张⋯　Ⅲ. ①汉语—对外汉语教学—教材　Ⅳ. ①H195. 4

中国国家版本馆 CIP 数据核字（2023）第 247074 号

ｉ学中文（第一册）

ｉ XUE ZHONGWEN（DI-YI CE）

总 主 编：王衍军　林奕高　张　艳

分册主编：张　艳

....

出 版 人：阳　翼

项目统筹：杜小陆

责任编辑：黄　球

责任校对：刘舜怡　王燕丽

责任印制：周一丹　郑玉婷

出版发行：暨南大学出版社（511434）

电　　话：总编室（8620）31105261

　　　　　　营销部（8620）37331682　37331689

传　　真：（8620）31105289（办公室）　37331684（营销部）

网　　址：http：//www. jnupress. com

排　　版：广州良弓广告有限公司

印　　刷：广州市金骏彩色印务有限公司

开　　本：787mm×1092mm　1/16

印　　张：18. 5

字　　数：250 千

版　　次：2024 年 11 月第 1 版

印　　次：2024 年 11 月第 1 次

定　　价：69. 00 元

前　言

本套教材是面向非华裔初级中文学习者的综合教材。编者们根据学习对象的特点，结合来华留学生日常生活交际需求，选取反映当代中国社会生活、经济、科技等方面的相关内容，利用融媒体等新技术，以独特的视角向学习者展示了真实的当代中国社会。

本套教材分为六册，共71篇课文，其中第一册15篇，第二、三、四册各12篇，第五、六册各10篇。教材内容从零起点开始，可满足初级到准中级阶段学生中文学习的需要，教师可根据学生水平和课时安排选择相应的册数和课文。整体上看，教材内容难度呈螺旋上升形态，其中，第一、二册侧重HSK一、二级水平，第三、四册侧重HSK三、四级水平，第五、六册侧重HSK五、六级水平。

除了纸质版教材外，我们还制作了配套的数字化教材、课件、语言点讲解视频、录音材料、Quizlet词卡。数字化教材除了呈现纸质版教材的生词、课文及语言点外，还配备了生词和课文的录音、生词的例句或图片讲解，以及与纸质版教材不同的练习题和测试题，为学习者预习与复习提供更丰富的形式和内容，方便学习者更有效地利用碎片化时间进行学习，从而让"课前—课堂—课后"形成更紧密的有机整体。

本套教材突出"新"和"活"的特色。"新"主要体现在两个方面：一是课文内容选材新。如微信、"双十一"、快递、外卖、移动支付等都是与当代中国人生活密切相关的主题。二是练习形式新。如设计了利用智能语音识别完成的题型，以及制作上传至社交账号上的视频作业；在数字化教材上实现听写、配对、组句等多样化的练习题型；在课堂练习部分，围绕教学重点内容提供了一些游戏、比赛、情景扮演类练习，互动性强，能活跃课堂气氛，增强学习的趣味性。"活"主要体现在强调学生对所学内容要活学活用，充分利用学生在中国学习的语言环境，设计实践性、交际性任务，推动学生从课堂走到课外，通过完成相关任务，克服畏惧心理，达到多用中文、敢用中文、会用中文的学习效果。

一、教材使用说明

1. 教学目标

本套教材内容编写以功能为导向，以任务型和交际型为主线，结合现代信息科学技术，通过大量听、说、读、写训练，培养学习者基本的中文交际能力；通过语言实践与互动，培养学习者得体的语言交际能力。

2. 适用对象

本套教材的适用对象为零起点的初级到准中级水平中文学习者。六册教材总学习时长为 2 年左右，每周学习 10～12 课时（每课时 45～50 分钟）。

3. 教材体例

本套教材的体例是：课前热身—生词—课文—语言知识—练习。"课文"从交际需求、感兴趣话题、热点话题角度进行编写。"练习"涵盖生词、语言知识、交际、课堂活动、实践拓展等内容，其中大部分内容可在课上与学生一起完成。还有一些练习需要学生课下进行语言实践，凸显交际性。教师可以根据情况选用各类练习。

4. 教材使用建议

各册教学课时安排：

拼音部分：16～20课时。

第一、二、三册：6～8课时/课。

第四、五、六册：8～10课时/课。

拼音部分建议集中教学。课堂游戏或活动部分，教师可以根据需要进行选择。语音、汉字的教学始终贯穿教材。每册都有一些只要求识记、不要求书写的认读字。遵循循序渐进、由易到难的教学原则。

5. 配套资料说明

本书生词和课文配有录音，音频文件请在暨南大学出版社官网（http：//www. jnupress. com）下载专区免费获取。Quizlet词卡，请在Quizlet官网（https：//quizlet. com/join/Zmf6k5NtM？i＝28qrwz&x＝1bqt）"暨南大学i学中文教材"处获取。微课视频，书中标有"教学视频"标志，请扫码查看。

二、特别说明

教材编写人员尊重所有图片、肖像的知识产权。教材中所使用的图片大多来源于"熊猫办公"网站。编写团队已购买"熊猫办公企业VIP至尊版（ID：47206601）"图片下载和使用权限，并获取了每一张图片的版权使用协议。熊猫办公企业VIP至尊版权限明确标注：图片可用于"图书出版：报纸配图、杂志封面及配图、图书封面及配图"，编写团队也保证所下载图片仅用于本套教材及其配套资源的出版和教学，不作他用。

教材中有一些照片由我们的同事及留学生等出镜拍摄并友情提供，均授权我们在教材中使用，对此表示衷心的谢意。此外，本套教材中还有极少量的图片我们未能及时联络上作者，在此也希望图片作者联络我们，以便及时支付相应图片稿酬。

在编写过程中，我们也参考了其他教材、词典等书籍以及网络资料，我们尊重各位作者的知识产权，在此也表示真诚的感谢。

教材录音团队是普通话一级甲等的资深播音员陆圆圆和何浩源，他们有着丰富的宣传片、纪录片、广告片等的录音经验和主持经验。

教材封面图片来源于雕塑家廖慧兰女士为暨南大学华文学院特别创作的雕塑作品《五洲学子》，现竖立于暨南大学华文学院南门。廖慧兰教授的女儿、资深艺术媒体人及策展人曹丹给予了支持。对此我们表示感谢。

教材编写是一项极其复杂、艰巨的任务。本套教材的编者都为富有教学经验的一线中文教师，团队群策群力，收集整理了众多资料，在编写工作中投入了大量的精力和时间。初稿完成后经过多次试用，并根据专家学者、试用教师和学习者的意见进行了反复修改。在此，再次对为本套教材写作、出版等付出辛劳的专家、教师、编辑、学生等表示由衷的感谢！然而，由于编者能力和水平有限，教材难免存在疏漏，恳请各位教材使用者提出宝贵建议，以便在下次修订时进一步完善和提高。

教材编写组

2024 年 3 月

Preface

This set of textbooks is designed for beginner-level learners of Chinese who are not of Chinese descent. According to the characteristics of the learners, combined with the daily communication needs of international students in China, the editors selected relevant content reflecting contemporary Chinese social life, the economy, science and technology, and used new technologies such as multimedia to show the modern side of Chinese society to learners from a unique perspective.

This series consists of six volumes, containing a total of 71 texts: 15 texts in the first volume, 12 texts in each of the second, third, and fourth volumes, and 10 texts in each of the fifth and sixth volumes. The textbook starts at a beginner level with no prior knowledge required and progresses to an intermediate level. Teachers can select texts based on the students' level. The textbook in this series present different levels of difficulty, among which volumes one and two will focus on HSK levels 1 and 2, volumes three and four will focus on HSK levels 3 and 4, and volumes five and six will focus on HSK levels 5 and 6.

In addition to paperback textbooks, digital textbooks, courseware, language guidelines explanation video, recording materials, Quizlet word card have also been created. In addition to presenting new words, texts, and language guidelines of paperback textbooks, digital textbooks are also equipped with audio recordings of new words and texts, explanation of example sentences or pictures of new words and texts, as well as exercises and tests that are different from those in the paperback textbooks, which provide a wider range of options for learners to preview and review content, allowing them to make better use of their study time. So that it may smooth out the process of previewing before the class, learning within the classroom, and reviewing after the class to form an organically cohesive learning experience.

This series of textbooks emphasizes the features of being new and dynamic. The newness is mainly reflected in two aspects: First, the selected topics are new. Such examples include WeChat, "Double Eleven", express delivery, takeout, mobile payment, which are closely related to modern Chinese people's lives. Second, the method of practice is also new. For example, in the exercises, questions were designed to be completed by automatic speech recognition, and video assignments that can then be posted to social accounts. The digital teaching materials also have dedicated sections for dictation, matching, sentence making, and other diversified types of exercises types. The classroom practice, games, competitions, and scenarios around the key contents are provided, and they have been designed to be highly interactive to increase student engagement. The dynamism is mainly reflected in the emphasis that students should learn to use their own methods of learning to make full use of the language environment in which students can learn in China, thus practical and communication tasks have a heavy emphasis on skills that enable students to better put knowledge obtained from class into practice. By completing relevant tasks, students can overcome their fear and achieve the desired learning effect of using Chinese more frequently and boldly, knowing how to use Chinese in their everyday lives.

Instruction for teaching materials

Teaching objective

These textbooks are designed with a focus on function, task-based learning, and communication. These textbooks integrate modern information science and technology, providing extensive practice in listening, speaking, reading, and writing. This approach aims to develop learners' basic communication skills in Chinese, while enhancing their ability to interact in a socially appropriate manner.

Applicable object

This series is designed for beginner with no prior knowledge of Chinese to intermediate learners. The total learning duration for the six volumes is approximately 2 years, with a recommended weekly study load of 10 to 12 class hours (each class hour lasting 45 – 50 minutes).

Textbook structure

The structure of these textbooks is: Warming up, New Words, Text, Language Guidelines, Exercises. The texts are written from the perspective of the needs that arise from communication, topics of interest, and trending topics. Exercises cover new words, language guidelines, communication tasks, classroom activities, practical application tasks, and more. Most of these can be completed in class with students. In particular, there are some exercises that require students to carry out language practice after class to highlight the communicative nature. Teachers can choose various exercises according to the situation.

Suggestions for use

Schedule of teaching hours for each volume:

The Pinyin part: 16 – 20 class hours.

Books 1, 2, and 3: 6 – 8 hours per lesson.

Books 4, 5, and 6: 8 – 10 hours per lesson.

The Pinyin section should be taught intensively. Classroom games and activities can be chosen by the teacher according to their needs. The teaching of pronunciation and Chinese characters is embedded throughout the textbook. Each volume has a number of characters that are only required to be memorized, not written. The teachers should follow the principle of gradual progression from easy to difficult.

Description of Supporting Materials

This book includes audio recordings for new words and texts, which can be downloaded for free from the Jinan University Press official website (http://www.jnupress.com) in the download section. Quizlet flashcards can be accessed on the Quizlet website at https://quizlet.com/join/Zmf6k5NtM? i = 28qrwz&x = 1bqt under "Jinan University iLearn Chinese Textbook". Micro-lesson videos, marked with the "Teaching Video" symbol in the book, can be viewed by scanning the chain code.

Special Note

We would like to stress that our textbook compilation team respects the copyright of pictures and portraits, and the sources of the textbook materials are indicated where applicable. Most of the pictures used in the textbook were downloaded from the website "Panda Office". The compilation team has purchased the "Panda Office Enterprise VIP Supreme Edition (ID: 47206601)" and has fair use policy for use of its pictures stipulated in the user agreement section after purchase. "Panda Office Enterprise VIP Supreme Edition" clearly indicates the permission that pictures can be used for "book publication: newspaper illustrations, magazine covers and illustrations, book covers and illustrations". Our team also guarantees that the downloaded pictures will only be used for the publication and teaching of books and textbook companion resources (digital and paperback), and will not be used for other purposes.

Some photos in the textbook were taken by our colleagues and international students, who have kindly granted us permission to use these images in the textbook, for which we express our heartfelt gratitude. In addition, there are a small number of images in the textbook for which we were unable to contact the authors in time. We kindly request that the image authors reach out to us so that we can arrange payment for the corresponding image royalties.

In the process of writing this textbook, reference to other textbooks, dictionaries and other books as well as online materials was made. We respect the intellectual property rights of all authors and hereby express our sincere thanks.

The textbook recording team consists of senior announcers for first-level Mandarin proficiency, namely Lu Yuanyuan and He Haoyuan. They possess extensive experience in recording promotional videos, documentaries, commercials, and have experience in hosting as well.

On the textbook cover is a photo of the sculpture *Students from All*

Corners of the World, which stands at the south gate of the College of Chinese Language and Culture, Jinan University. As a special gift for the college, it was designed and created by Liao Huilan, a renowned sculptor in China. Heartfelt thanks go to Prof. Liao's daughter Cao Dan, a senior art journalist and exhibition curator, for her efforts in granting copyright authorization.

The compilation of textbooks is an extremely complex and arduous task. The editors are all front-line Chinese teachers with diverse teaching experiences, who gathered and sorted out the materials, and invested a lot of energy and time in the compilation of the collected work. After the submission of the first draft, the textbooks have undergone multiple revisions in rounds of trials, with the opinions of experts and scholars taken into consideration. Once again, we expressed our heartfelt thanks to the experts, teachers, editors, and students who have worked hard on the writing and publication of this book. However, due to the limited ability and skills of the editors, there were inevitable situations that omissions in the teaching materials occurred, and we sincerely hope that all the users of the textbooks can provide valuable suggestions for further improvement in the next revision.

The Compilation Team of the Textbook

Mar. , 2024

人物简介

Character Introduction

林一 Lín Yī

性别：男

国籍：中国

王乐乐 Wáng Lèle

性别：女

国籍：中国

阿里 Ālǐ

性别：男

国籍：美国

米亚 Mǐyà

性别：女

国籍：法国

米娜 Mǐnà

性别：女

国籍：埃及

艾文 Àiwén

性别：男

国籍：德国

安娜 Ānnà

性别：女

国籍：英国

《中文词类简称表》

Abbreviations of Word Classes

1	名词	míngcí	名	noun
2	代词	dàicí	代	pronoun
3	动词	dòngcí	动	verb
	离合词	líhécí		separable verb
4	形容词	xíngróngcí	形	adjective
5	数词	shùcí	数	numeral
6	量词	liàngcí	量	measure word
	数量词	shùliàngcí	数量	numeral-classifier compound
7	副词	fùcí	副	adverb
8	介词	jiècí	介	preposition
9	连词	liáncí	连	conjunction
10	助词	zhùcí	助	particle
	动态助词	dòngtài zhùcí		aspect particle
	结构助词	jiégòu zhùcí		structural particle
	语气助词	yǔqì zhùcí		modal particle
11	叹词	tàncí	叹	interjection
12	象声词	xiàngshēngcí	象	onomatopoeia
13	前缀	qiánzhuì		prefix
14	后缀	hòuzhuì		suffix

目　录

Contents

拼 音
Pinyin

汉语的音节大多数由声母、韵母和声调三部分组成。音节开头的辅音叫声母，声母后面是韵母。声调指音节中具有区别意义作用的音高变化。现代汉语普通话有400多个声韵组合、1200多个音节。

Most Chinese syllables are composed of initials，finals and tones. The consonant at the head of a syllable is called initial，the rest of the syllable is the final. The different pitches that affect the meanings of words are called tones. The contemporary Mandarin Chinese has more than 400 initial-final combinations and over 1,200 syllables.

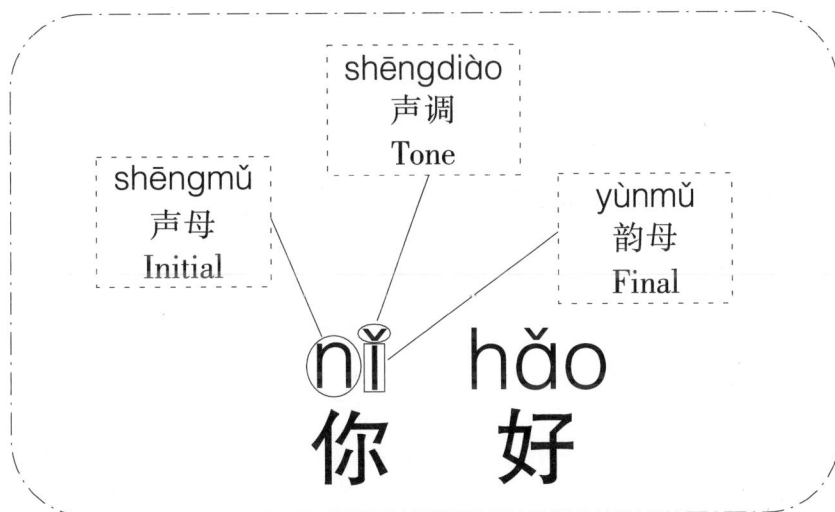

shēngdiào
声调
Tone

shēngmǔ
声母
Initial

yùnmǔ
韵母
Final

nǐ hǎo
你 好

▶ 练一练

1. 读一读，看看你认识多少。 Read aloud and see how many syllables you know.

音节 Syllables	声母 Initials	韵母 Finals	音节 Syllables	声母 Initials	韵母 Finals
peng			chun		
bing			tian		
wen			xue		
qi			diao		
liu			zou		
zhong			lu		
nan			shui		
hua			guan		

2. 写下你觉得发音困难的声母和韵母。 Write down the initials and finals that you find difficult to pronounce.

声母 Initials	
韵母 Finals	

声母、韵母和声调 Initials, finals and tones

现代汉语普通话里有 21 个辅音声母，39 个韵母，4 个声调。

There are 21 consonant initials, 39 finals and 4 tones in the contemporary Mandarin Chinese.

声母 Initials

b	p	m	f
d	t	n	l
g	k	h	
z	c	s	
zh	ch	sh	r
j	q	x	
Note：Zero initials：y　w			

韵母 Finals

a	o	e	i	u	ü			
ai	ei	ao	ou					
an	ang	en	eng	ong				
ia	ie	iao	i (o) u	ian	in	iang	ing	
üe	üan	ün	iong					
ua	uo	uai	ui (uei)	uan	un (uen)	uang		
ueng								
–i (zi ci si)	–i (zhi chi shi ri)	er	ê					

声调 Tones

现代汉语普通话里有 4 个基本声调：第一声、第二声、第三声、第四声，分别使用声调符号：ˉ（第一声）、ˊ（第二声）、ˇ（第三声）、ˋ（第四声）。

There are 4 basic tones in the contemporary Mandarin Chinese. They are shown by the tone marks：ˉ（the first tone），ˊ（the second tone），ˇ（the third tone），ˋ（the fourth tone）.

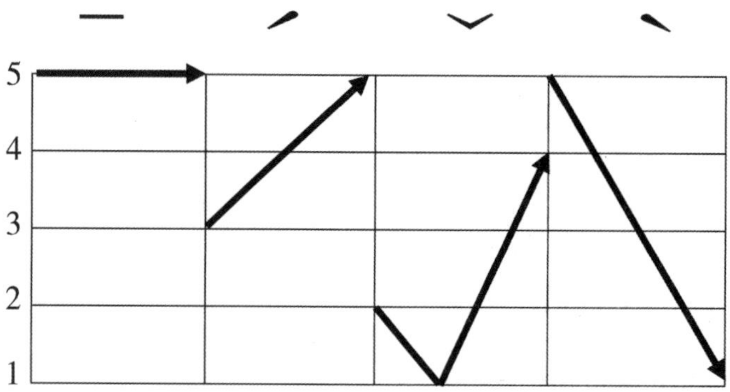

汉语里的声调有区别意义的作用，声调不同，表达的意义则不同。例如：

The tones in Chinese have the function of distinguishing meanings between words that may otherwise sound identical. Meanings of words vary according to different tones. E. g. ,

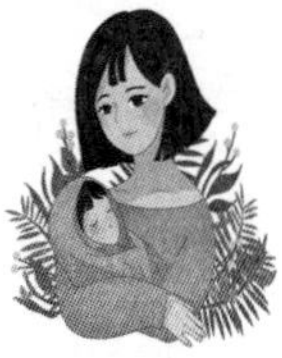 妈 mā	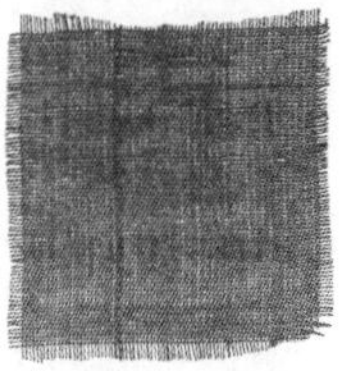 麻 má	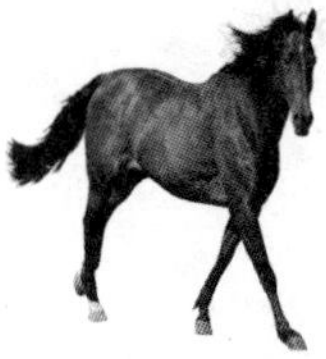 马 mǎ	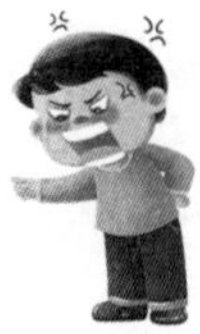 骂 mà

▶ 练一练

3. 绕口令。Tongue twister.

māma qí mǎ, mǎ màn, māma mà mǎ.
妈妈 骑 马， 马 慢， 妈妈 骂 马。

轻声 The neutral tone

汉语中有些音节不加声调（无论它们所代表的汉字是第几声），读得很轻、很短，这样的音节叫轻声。轻声音高受前面一个音节声调的影响而变化。例如：

Some syllables in Chinese are toneless（disregarding the tones of the characters they represent）and are pronounced light and short. These syllables are called neutralized tones or neutral tones. The pitch of a neutral tone is affected by the tone of the preceding syllable. E. g.，

dìdi 弟弟 younger brother	wǒmen 我们 we，us	hǎo de 好 的 well，OK	péngyou 朋友 friend

注意：在拼写中，轻声音节不标调号。

Note：In transcription，neutral tones don't carry any tone marks.

拼音书写规则 Rules of spelling Pinyin

一、声调标在韵母（主要元音）上，不标在声母上。

The tone marks should be placed over the finals（main vowels），rather than the initials.

二、标调的顺序是 "a > o > e > i > u > ü"。

The order of tone mark placement is "a > o > e > i > u > ü".

hǎo	dōu	féi	hái	lüè

三、"i" "u" 同时出现时，声调标在最后一个元音上。

When "i" and "u" appear together, tone mark should be placed over the last vowel.

liù	qiú	jiǔ	guì	duì

四、声调标在 "i" 上时，"i" 上的点需要省略。

The dot over "i" should be removed when the tone mark is put over "i".

dì	mǐ	huī	kuì	tuì

五、"i" "u" "ü" 可以自成音节。自成音节时，分别写成 "yi" "wu" "yu"。

"i", "u", and "ü" can form syllables by themselves. When they form their own syllables, they are written as "yi", "wu", and "yu" respectively.

i		yi
u		wu
ü		yu

以 "i" 开头的音节，"i" 要写成 "y"。以 "ü" 开头的音节，音节开头要加上 "y"，"ü" 上面的两点要去掉。以 "u" 开头的音节，"u" 要写成 "w"。

"i" at the beginning of a syllable is written as "y". "y" is added before the syllable beginning with "ü", and the two dots over "ü" should be removed. "u" at the beginning of a syllable is written as "w".

ia iao iou		ya yao you
üe üan ün		yue yuan yun
ua uai uo uei		wa wai wo wei

六、"ü" "üe" "üan" "ün" 和 "j" "q" "x" "y" 相拼时，"ü" 上面的两点要去掉。

When "ü", "üe", "üan" or "ün" is spelled together with "j", "q", "x" or "y", the two dots at the top of "ü" should be removed.

jú	qù	xué	xuán	yùn

七、a，o，e 开头的音节连接在其他音节后面的时候，如果音节的界限发生混淆，用隔音符号（'）隔开。例如：

When a syllable beginning with "a", "o", "e" follows another syllable，it is desirable to use a dividing-mark（'）to clarify the boundary between the two syllables. E. g.，

bǎo'ān　保安

▶ 练一练

4. 请判断以下分别属于哪个书写规则，把序号写在括号里。
Which rules apply to the following syllables? Write the serial numbers in the parentheses.

hǎo（　　）	dōu（　　）	féi（　　）	dì（　　）
yú（　　）	qiú（　　）	tuì（　　）	pí'ǎo（　　）

5. 按指定的声调读一读。 Read in the specified tones.

一	ba	pa	tai	fa	dao	tou	nao	la
／	bo	po	mu	fu	tan	tang	du	nan
∨	dei	ta	lao	na	ge	ke	han	bei
＼	bi	pi	lü	nu	ti	ni	li	dian

6. 绕口令。 Tongue twisters.

Bǔ pò pí rùzi bùrú bù bǔ pò pí rùzi。
（1）补 破 皮 褥子 不如 不 补 破 皮 褥子。

Chī pútao bù tǔ pútao pí, bù chī pútao dào tǔ pútao pí。
（2）吃 葡萄 不 吐 葡萄 皮, 不 吃 葡萄 倒 吐 葡萄 皮。

Dà tùzi, dà dùzi, dà dùzi de dà tùzi, yào yǎo dà tùzi de dà
（3）大 兔子, 大 肚子, 大 肚子 的 大 兔子, 要 咬 大 兔子 的 大

dùzi。
肚子。

7. 给下面的音节标声调。 Mark the tones of the following syllables.

yi 一	er 二	san 三	si 四	wu 五
liu 六	qi 七	ba 八	jiu 九	shi 十

er 和儿化韵　The retroflex er and the r-ending finals

发 er 时，先把舌位放到发 e 的位置，然后将舌尖轻轻上翘的同时发音。例如：

To pronounce "er", first put the tongue in the position for pronouncing "e", and then slightly curl up the tip of tongue. E. g. ,

érgē 儿歌 children's song, nursery rhyme	érnǚ 儿女 sons and daughters, children	ěrduo 耳朵 ear	èr shí 二十 twenty

er 可以与其他韵母组合成儿化韵。儿化韵的写法是在原韵母后面加 r，汉字写法是在原汉字后面加个"儿"字（有时候也可以省略不写）。例如：

The final "er" can be combined with another final to form an r-ending final. In transcription, it is shown by adding an "r" to the original final. When writing the character, we add "儿" after the original character (sometimes it can be omitted). E. g.,

huār 花儿 flower	wánr 玩儿 to play	yǒudiǎnr 有点儿 a little	zhèr 这儿 here

变调　Tone sandhi

两个第三声音节连读时，前一个音节要读成第二声。例如：

When a third tone is immediately followed by another third tone, the former is pronounced as the second tone. E. g.,

nǐ hǎo ——→ní hǎo　你好

yǔsǎn ——→yúsǎn　雨伞

音节和汉字　Syllables and Chinese characters

汉字是记录汉语的书写符号系统。每个音节可以代表一个或若干个汉字。例如：

Chinese characters are a system of written symbols that records the Chinese language. Every syllable can be written into one or several characters. E. g.,

nán 男 male	nǚ 女 female	dà 大 big	xiǎo 小 small

b p m f

	a	o	i	u	ai	ao	ou
b	ba	bo	bi	bu	bai	bao	
p	pa	po	pi	pu	pai	pao	pou
m	ma	mo	mi	mu	mai	mao	mou
f	fa	fo		fu			fou

d t n l

	e	ü	ei	iao	iu（iou）	uo
d	de		dei	diao	diu	duo
t	te			tiao		tuo
n	ne	nü	nei	niao	niu	nuo
l	le	lü	lei	liao	liu	luo

▶ 练一练

8. 听录音，选择正确的拼音。Listen and choose the correct Pinyin.

(1) ba—pa　　　　(2) dai—tai

(3) bao—pao　　　(4) di—ti

(5) nu—nü　　　　(6) lu—lü

(7) tiao—diao　　(8) mo—fo

(9) po—pou　　　(10) mo—mou

(11) le—lei　　　(12) mo—me

(13) guo—pou　　(14) niu—nü

(15) nao—lao　　(16) duo—dou

(17) du—tu　　　(18) fou—fo

(19) fu—pu　　　(20) mai—mei

9. 听录音，写拼音。Listen and write Pinyin.

例： E. g. ,

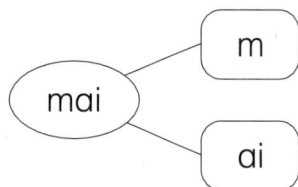

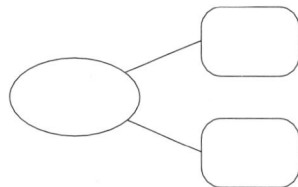

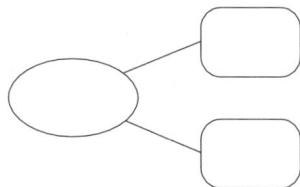

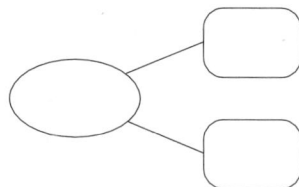

(1)　　　　　　　(2)　　　　　　　(3)

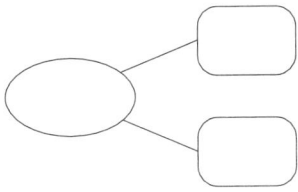
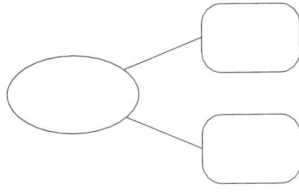
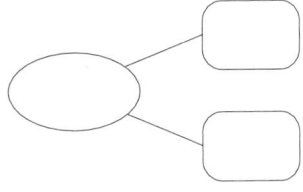

(4)   (5)   (6)

10. 读一读。 Read and practice.

bā	pà	è	mǎi	lèi	niú	bù	nǔ
báimǎ		nǔlì		tèbié		dà lóu	
píbāo		dàmǐ		tóufa		dòufu	
bàba		māma		dìdi		mèimei	

g k h

	ua	uai	ui (uei)	an	en	ang	eng	ong
g	gua	guai	gui	gan	gen	gang	geng	gong
k	kua	kuai	kui	kan	ken	kang	keng	kong
h	hua	huai	hui	han	hen	hang	heng	hong

11. 听录音，选择正确的拼音。 Listen and choose the correct Pinyin.

（1）gàn—kàn　　　（2）hán—háng　　　（3）tǎn—tǎng

（4）páng—fáng　　（5）hēi—fēi　　　　（6）nán—lán

（7）dòng—tòng　　（8）yǎo—yǒu　　　　（9）yǔ—wǔ

（10）huā—fā　　　（11）mén—méng　　　（12）gōng—kōng

12. 听唐诗，写声母。 Listen to the Tang poem and fill the blanks with correct initials.

É

鹅

Táng　Luò Bīnwáng

唐　·　骆　宾王

É，é，é，

鹅，鹅，鹅，

____ū xiàng xiàng ____iān __ē。

曲　项　向　天　歌。

____ái ____áo ____ú ____ù shuǐ，

白　毛　浮　绿　水，

____óng zhǎng bō qīng ____ō。

红　掌　拨　清　波。

13. 读一读。 Read aloud.

（1）Wǒ ài māma。	（2）Bàba māma hé wǒ wánr。
（3）Gēge lèi le。	（4）Mèimei è le。

（5）Bàba hěn máng。	（6）Pútao tài guì le。
（7）Wǒ yào mǎi kělè。	（8）Dìdi hē niúnǎi hé kāfēi。

j q x

	i	ia	ie	ian	iang	ing	iong
j	ji	jia	jie	jian	jiang	jing	jiong
	ü	üe	ün	üan			
	ju	jue	jun	juan			
	i	ia	ie	ian	iang	ing	iong
q	qi	qia	qie	qian	qiang	qing	qiong
	ü	üe	ün	üan			
	qu	que	qun	quan			
	i	ia	ie	ian	iang	ing	iong
x	xi	xia	xie	xian	xiang	xing	xiong
	ü	üe	ün	üan			
	xu	xue	xun	xuan			

▶ 练一练

14. 听一听，写一写。 Listen and fill the blanks with correct initials.

（1）＿＿ǐng ＿＿ià   （2）＿＿ān ＿＿ìng

（3）＿＿ǐng ＿＿ìn   （4）＿＿ī ＿＿uā

（5）＿＿iān ＿＿iáng   （6）＿＿īng ＿＿ié

（7）＿＿＿īn ＿＿＿íng   （8）＿＿＿iǎng ＿＿＿iān

（9）＿＿＿iǎo ＿＿＿īn   （10）＿＿＿ià ＿＿＿uě

（11）＿＿＿ǔ ＿＿＿ián   （12）＿＿＿ìng ＿＿＿ù

15. 绕口令。Tongue twisters.

（1）

Qī jiā yī, qī jiǎn yī, jiā wán jiǎn wán děngyú jǐ?

七 加 一，七 减 一，加 完 减 完 等于 几？

Qī jiā yī, qī jiǎn yī, jiā wán jiǎn wán háishi qī。

七 加 一，七 减 一，加 完 减 完 还是 七。

（2）

Qī xiàng yí gè qījiang, xī xiàng yí gè xījiàng。

七 巷 一 个 漆匠，西 巷 一 个 锡匠。

Z C S

	-i	un (uen)	uan	an	ang	en	eng	ong
z	zi	zun	zuan	zan	zang	zen	zeng	zong
c	ci	cun	cuan	can	cang	cen	ceng	cong
s	si	sun	suan	san	sang	sen	seng	song

zh ch sh r

	–i	un (uen)	uan	uang	an	ang	en	eng	ong
zh	zhi	zhun	zhuan	zhuang	zhan	zhang	zhen	zheng	zhong
ch	chi	chun	chuan	chuang	chan	chang	chen	cheng	chong
sh	shi	shun	shuan	shuang	shan	shang	shen	sheng	
r	ri	run	ruan		ran	rang	ren	reng	rong

▶ 练一练

16. 唱唐诗。 Sing the Tang poem.

Chūn xiǎo
春 晓

Táng　Mèng Hàorán
唐·孟 浩 然

Chūn mián bùjué xiǎo,
春 眠 不 觉 晓,

chùchù wén tí niǎo.
处处 闻 啼 鸟。

Yè lái fēngyǔ shēng,
夜 来 风雨 声,

huā luò zhī duōshǎo.
花 落 知 多少。

17. 连线。 Matching.

狮子　　　　　　　　zǎoshang

宿舍　　　　　　　　shuǐjiǎo

操场　　　　　　　　xuéshēng

水饺　　　　　　　　shīzi

教室　　　　　　　　zhuōzi

桌子　　　　　　　　cāochǎng

学生　　　　　　　　xǐshǒu

洗手　　　　　　　　jiàoshì

早上　　　　　　　　sùshè

橙汁　　　　　　　　xiǎo chuán

中国　　　　　　　　Guǎngzhōu

抽烟　　　　　　　　qǐchuáng

广州　　　　　　　　sōngshǔ

车站　　　　　　　　Zhōngguó

起床　　　　　　　　chēzhàn

松鼠　　　　　　　　lǎorén

老人　　　　　　　　chéng zhī

小船　　　　　　　　chōu yān

18. 绕口令。 Tongue twisters.

（1）

Sì shì sì, shí shì shí,
四 是 四， 十 是 十，

shí sì shì shí sì, sì shí shì sì shí。
十 四 是 十 四， 四 十 是 四 十。

（2）

Xiǎo zhū káng chútou, kēngchi kēngchi zǒu。
小　猪　扛　锄头，　吭哧　吭哧　走。

Xiǎo niǎo chàng zhī tou, xiǎo zhū niǔtóu chǒu。
小　鸟　唱　枝头，小　猪　扭头　瞅。

Chútou zhuàng shítou, shítou zá chútou。
锄头　撞　石头，石头　砸　锄头。

Xiǎo zhū yuàn chútou, chútou yuàn shítou。
小　猪　怨　锄头，　锄头　怨　石头。

19. 听歌写拼音。 Listen to the songs and fill the blanks with correct initials.

（1）《祝你生日快乐》

＿＿＿ù nǐ ＿＿＿ēng ＿＿＿ì ＿＿＿uàilè。
祝　你　　生日　　　快乐。

（2）《小城故事》（作词：庄奴　作曲：翁清溪）

＿＿＿iǎo ＿＿＿éng gùshi duō, ＿＿＿ōngmǎn ＿＿＿ǐ ＿＿＿é lè。
小　城　故事多，　　充满　喜　和乐。

＿＿＿uò ＿＿＿ì nǐ dào xiǎo chéng lái,
若是　你　到　小　城　来，

＿＿＿ōuhuò ＿＿＿èbié duō。
收获　特别　多。

（3）《少年中国说》（作词：梁启超　二水　作曲：许嵩）

Shàonián zì yǒu, shàonián kuáng。
少年　自有，　少年　狂。

＿＿＿ēn sì shānhé, tǐng jǐliáng。
身　似　山河，　挺　脊梁。

Gǎn jiāng rìyuè, ___ài zhàngliáng.

敢　将　日月，　再　　丈量。

Jīn ___āo wéi wǒ, shàonián láng.

今朝　　唯我，　少年　郎。

Gǎn wèn tiāndì, shì fēngmáng.
敢　问　天地，试　锋芒。

Pījīng ___ǎnjí, ___éi néng dǎng.

披荆　　斩棘，　谁　能　挡。

20. 在词语里练习四声。Read the following phrases to practice pronouncing tones.

fēicháng hǎo jì 非常　好 记	shēntǐ qiángzhuàng 身体　　强壮
shānhé měilì 山河　美丽	xīnmíng yǎnliàng 心明　　眼亮
guāngmíng lěiluò 光明　　磊落	shānhé jǐnxiù 山河　锦绣
bīngqiáng mǎzhuàng 兵强　　马壮	yīngxióng hǎohàn 英雄　　好汉
shānmíng shuǐxiù 山明　　水秀	jiānchí nǔlì 坚持 努力
sìhǎi wéi jiā 四海 为　家	yìkǒu tóngshēng 异口　　同声
kèkǔ dúshū 刻苦 读书	xué shuō Hànyǔ 学　说　汉语
lái hē qìshuǐ 来 喝 汽水	shíjiān bù wǎn 时间 不　晚

21. 找一找，比一比。Look for it and compare.

请把下面的声母和韵母组成对的汉语拼音，看谁又快又对。

Match the following consonants and vowels to form correct Pinyin.

b k z ch
c t s zh

an en ei ang
e ui ou uo
ai u ao

_____

_____

_____

_____

_____

练习 Exercises

1. 拼音练习。请在横线上写出你觉得很难的拼音。Exercise of Pinyin. Write down the Pinyin you find difficult to pronounce.

（1）

bian	ban	bang	bai	bei	bao

_____

（2）

ne	na	nu	nao	nei	nü

_____

（3）

tou	te	tu	tao	tai	ti

（4）

kei	ke	ka	kao	kai	kou

（5）

pa	pai	pao	pian	pei	pou

（6）

dao	diao	dan	dang	dou	duo

（7）

gu	gai	gei	guang	gou	guo

（8）

qu	qiu	qie	qia	qian	qiang

2. 听录音，把听到的音节填在下面的表格里。 Listen and fill the blanks with correct Pinyin.

(1)	(2)	(3)	(4)	(5)
(6)	(7)	(8)	(9)	(10)
(11)	(12)	(13)	(14)	(15)
(16)	(17)	(18)	(19)	(20)

3. 动动口（用手机语音输入下列词语和句子）。 Type the following words and sentences with speech recognition on your phone.

nǐ hǎo 你 好	Zhōngguó 中国	Guǎngzhōu 广州
Hànyǔ 汉语	zàijiàn 再见	xièxie 谢谢

Nǐ hěn piàoliang! 你 很 漂亮！
Qǐng shuō màn yìdiǎnr。 请 说 慢 一点儿。
Rènshi nǐ hěn gāoxìng! 认识 你 很 高兴！
Duìbuqǐ, wǒ tīng bu dǒng。 对不起，我 听 不 懂。
Qǐngwèn, xǐshǒujiān zài nǎr? 请问， 洗手间 在 哪儿？

4. 唱唐诗。Sing the Tang poem.

Jìng yè sī
静 夜 思

Táng Li Bái
唐 · 李 白

Chuáng qián míng yuèguāng, yí shì dì shàng shuāng.
床 前 明 月 光， 疑 是 地 上 霜。

Jǔ tóu wàng míng yuè, dītóu sī gùxiāng.
举 头 望 明 月，低 头 思 故 乡。

静夜思

李白

床前明月光，
疑是地上霜。
举头望明月，
低头思故乡。

第一课　你好
Hello

课前热身 Warming up

在你的国家，你们是怎么打招呼的？How do you greet each other in your country?

生词 New words

1	你好	nǐ hǎo		hi，hello
	你	nǐ	代	you（singular）
	好	hǎo	形	good，fine
2	叫	jiào	动	to call，to name

3	什么	shénme	代	what
4	名字	míngzi	名	name
5	我	wǒ	代	I，me
6	呢	ne	助	a modal particle used at the end of a sentence
7	是	shì	动	to be（am，are，is，etc.）
8	哪	nǎ	代	which，what，who
9	国	guó	名	country，nationality
10	人	rén	名	people，person，human
11	认识	rènshi	动	to know，to meet
12	很	hěn	副	very
13	高兴	gāoxìng	形	happy，glad
14	也	yě	副	also，too
15	们	men	后缀	plural marker for pronouns and a few animate nouns
16	他	tā	代	he，him
17	她	tā	代	she，her

专名 Proper nouns

1	阿里	Ālǐ		Ali（name）
2	米亚	Mǐyà		Miya（name）
3	法国	Fǎguó		France
4	美国	Měiguó		America

课文 Text

课文① Text 1

Ālǐ : Nǐ hǎo!
阿里：你 好!

Mǐyà : Nǐ hǎo! Nǐ jiào shénme míngzi?
米亚：你 好! 你 叫 什么 名字?

Ālǐ : Wǒ jiào Ālǐ。 Nǐ ne?
阿里：我 叫 阿里。你 呢?

Mǐyà : Wǒ jiào Mǐyà。
米亚：我 叫 米亚。

Ālǐ : Nǐ shì nǎ guó rén?
阿里：你 是 哪 国 人?

Mǐyà : Wǒ shì Fǎguó rén。 Nǐ ne?
米亚：我 是 法国 人。你 呢?

Ālǐ : Wǒ shì Měiguó rén。
阿里：我 是 美国 人。

Mǐyà : Rènshi nǐ hěn gāoxìng。
米亚：认识 你 很 高兴。

Ālǐ : Rènshi nǐ wǒ yě hěn gāoxìng。
阿里：认识 你 我 也 很 高兴。

课文② Text 2

Nǐmen hǎo, wǒ jiào   tā jiào   tā jiào
你们 好，我 叫 _____，他 叫 _____，她 叫 _____。

Rènshi nǐmen, wǒ hěn gāoxìng。
认识 你们，我 很 高兴。

语言知识 Language guidelines

知识 ❶ Tip 1

汉语语序

Chinese words order

汉语没有严格意义上的形态变化，语序和虚词是汉语的主要语法手段。

汉语的句子由主语、谓语、宾语、定语、状语、补语六种成分组成。语序一般是主语在前，谓语在后。谓语的主要成分为动词，也有名词和形容词；宾语是动词的连带成分，一般在动词后面；状语修饰动词或形容词；补语跟在动词或形容词后面，补充说明动词或形容词；定语放在名词性主语和宾语的前边，起修饰作用。例如：

Strictly speaking, there are no inflections in Chinese, which means the word order and structural word are the main grammatical means of the language.

Chinese sentences are made of six elements: subject, predicate, object, attributive, adverbial and complement. The grammatical order of a sentence is, normally, that a subject precedes a predicate. The predicate is usually a verb but also can be a noun or an adjective. An object is an attached element following the predicate in most cases. An adverbial modifies a verb or an adjective. A complement normally follows a verb or an adjective to provide further illustration. An attributive is placed before a nominal noun and an object, functioning as a modifier. E. g.,

（1）

Jīntiān	wǒ	zài shítáng	gāo gāo xìng xìng de	chī le	yí gè	bāozi
〔今天〕	我	〔在 食堂〕	〔高 高 兴 兴 地〕	吃了	(一个)	包子。

状语　　主语　　状语　　　　　状语　　　　　谓语　定语　宾语
adverbial subject adverbial　　　adverbial　predicate attributive object

　　　　Tā　　　pǎo de　　hěn kuài
（2）他　　　跑 得　　〈很 快〉。

　　　主语　　谓语　　　补语
　　subject　predicate　complement

虚词 structural word
↓

（3）Wǒ [hé] tā　qù　Guǎngzhōu。
　　我 和 他 去　　广州。

　　主语　谓语　　宾语
　subject predicate　object

知识 ❷ Tip 2

第三声音节的变调

The tone sandhi of the third tone

两个第三声音节连读时，前一个要读成第二声。例如：

When a third tone is immediately followed by another third tone, the former is pronounced as the second tone. E. g. ,

nǐ hǎo → ní hǎo

按变调规则读一读：

měihǎo 美好	wǔ bǎi 五 百	Běi Hǎi 北 海	gěi nǐ 给 你

yǔfǎ 语法	yǔsǎn 雨伞	kěyǐ 可以	fǔdǎo 辅导

练习 Exercises

1. 看图写词语。 Write the words according to the pictures.

(　　) 　 (　　) 　 (　　) 　 (　　)

2. 说一说这些国家或区域的名字。 Name these countries or regions in Chinese.

Yīngguó
英国
England 　　 Měiguó
美国
America 　　 Déguó
德国
Germany

Fǎguó
法国
France

Éluósī
俄罗斯
Russia

Hánguó
韩国
Korea

Yìdàlì
意大利
Italy

Ālābó
阿拉伯
Arab

Xībānyá
西班牙
Spain

Rìběn
日本
Japan

Yìndùníxīyà
印度尼西亚
Indonesia

Tàiguó
泰国
Thailand

Yuènán
越南
Vietnam

Jiǎnpǔzhài
柬埔寨
Cambodia

Lǎowō
老挝
Laos

3. 连线。 Matching.

wǎn'ān   好

hǎo   晚安

nǐ   你

míngzi   什么

jiào   名字

tā   他

shénme   叫

4. 组句。 Rearrange the words to form a sentence.

（1）名字 叫 他 什么

_____

（2）哪国 是 你 人 们

_____

（3）高兴 我 很

_____

（4）认识 我 你

_____

（5）好 你们

_____

5. 对话练习。Dialogue practice.

Nǐmen hǎo!
（1）A&B：你们 好！

C&D：_____！

Zàijiàn!
（2）A：再见！

B：_____！

Xièxie!
（3）A：谢谢！

B：_____！

Duìbuqǐ!
（4）A：对不起！

B：_____。

6. 听一听，写一写（老师读，学生用手机在微信上输入汉字）。

Listen to your teacher and type the characters you heard on your phone by WeChat.

(1) 好　你　我　他　叫

(2) 你好　高兴　名字　什么　哪国人

(3) 认识你很高兴！

7. 你认识他们吗？Do you know their Chinese names？

请你下课后问一问你的中国朋友：他/她叫什么名字？写出名字的拼音。Please ask your Chinese friends after class：What is his/her name？Write the Pinyin of their names.

(1) _____

(2) _____

(3) _____

(4) _____

(5) _____

(6) _____

(7) _____

(8) _____

8. 找朋友。Make new friends and write their names' Pinyin.

去校园里问4个人的名字，写下拼音，并跟大家分享。

_____ _____ _____ _____

想一想，中国人的名字和你们国家的人的名字有什么不一样？

9. 动动手。Practice.

请把课文用微信发给老师（文字或者语音）。Please send the text to your teacher via WeChat（in the written or spoken form）.

第二课　怎么说
How to say

课前热身 Warming up

这些用你的母语怎么说呢？How do you call them in your native language？

生词 New words

1	怎么	zěnme	代	how
2	说	shuō	动	to speak，to talk
3	那	nà	代	that

4	的	de	助	a particle used after an attribute to indicate possession
5	同学	tóngxué	名	classmate
6	吗	ma	助	a modal particle used at the end of a question
7	不	bù	副	not
8	老师	lǎoshī	名	teacher
9	漂亮	piàoliang	形	beautiful, pretty
10	这个	zhège	代	this one
	这	zhè	代	this
	个	gè	量	(a measure word) basically used before nouns without a special measure word of their own
11	用	yòng	动	to use
12	手机	shǒujī	名	cell phone, mobile phone
13	谁	shéi/shuí	代	who
14	知道	zhīdào	动	to know
15	谢谢	xièxie	动	to thank you
16	不用	búyòng	副	need not; unnecessarily

专名 Proper nouns

| 1 | 艾文 | Àiwén | | Evan（name） |
| 2 | 中文 | Zhōngwén | | Chinese language |

课文 Text

课文 ❶ Text 1

Àiwén：Nà shì nǐ de tóngxué ma?
艾文：那 是 你 的 同学 吗？

Mǐyà：Bú shì, nà shì wǒ de Zhōngwén lǎoshī。
米亚：不 是，那 是 我 的 中文 老师。

Àiwén：Nǐ de lǎoshī hěn piàoliang。
艾文：你 的 老师 很 漂亮。

课文 ❷ Text 2

Àiwén：Zhège yòng Zhōngwén zěnme shuō?
艾文：这个 用 中文 怎么 说？

Mǐyà：Shǒujī。
米亚：手机。

Àiwén：Shéi de shǒujī?
艾文：谁 的 手机？

Mǐyà：Wǒ bù zhīdào。
米亚：我 不 知道。

Àiwén：Xièxie。
艾文：谢谢。

Mǐyà：Búyòng。
米亚：不用。

语言知识 Language guidelines

知识 ❶ Tip 1

"不"的变调

The tone sandhi of "不"

"不是""不知道"

"不"的本调是第四声，但在另一个第四声音节前时，变为第二声。

The original tone for "不" is the fourth tone. It is pronounced as the second tone when it is followed by another fourth tone syllable.

bù hē	bù nán	bù gāo	bù hǎo
不 喝	不 难	不 高	不 好

bú qù	bú xiè	bú yào	bú'ài
不 去	不 谢	不 要	不 爱

知识 ❷ Tip 2

教学视频

形容词谓语句

Adjective as predicate

"你的老师很漂亮。"

形容词作谓语常用来对事物进行描述和评价。

A sentence, where an adjective functions as the predicate in it, is used to describe or evaluate someone, something, or a state of affairs.

1. 肯定式：主语 + 形容词

Affirmative form：subject + adjective

例如：

E. g.，

（1）我很好。

（2）她很漂亮。

2. 否定式：主语 + 不 + 形容词

Negative form：subject + 不 + adjective

例如：

E. g. ，

shuài
（1）他不 帅 。

máng
（2）我不 忙 。

注意：主语和谓语之间不需要用 "是" 连接。例如：

Note：It is unnecessary to connect the subject and the predicate with "是". E. g. ，

我是很漂亮。（×）　　　我很漂亮。（√）

形容词前面一般要带副词，如不带副词，句子的意思将不再具有描述功能而带有比较的意味。例如：

Adjectives in such sentences usually take an adverb before them. If not so，the sentences will not be descriptive. Rather，they may imply a sense of comparison. E. g. ，

（1）她很漂亮。

（2）她漂亮。（我不漂亮。）

知识 **3** Tip 3

定语和结构助词 "的"

The attributive and the structural particle "的"

"那是我的中文老师。"

名词或名词性词组的修饰语叫定语。定语的作用是修饰和限定。定语在词组中放在名词前边，在句子中要放在句子主语或宾语前边。例如：

The modifiers of nouns and nominal phrases are called attributives. The function of an attributive is to modify and define. The attributive is placed before the noun in a phrase and before the subject or object in a sentence. E. g. ,

(1) 我的老师

jiàoshì   zhuōzi
(2) 教室 的 桌子

结构助词 "的" 要放在定语后边，是定语的形式标志。例如：

The structural particle "的" is placed right after the attributive, serving as the formal marker of the attributive. E. g. ,

名词或代词作定语，表达限定、修饰所有、所属关系时，要加 "的"。

When a noun or pronoun is used as an attribute to define or to show possession and subordination, the particle "的" is added.

A. 人 + 的 + ……

person + 的 + something

例如：

E. g. ,

（3）我的手机

（4）他的 本子

běn

B. 地方 + 的 + ……

place + 的 + something

例如：

E. g. ,

（5）图书馆 的 书

túshūguǎn

（6）食堂 的 米饭

shítáng mǐfàn

形容词词组（很 + 形容词）作定语时，定语前要加"的"。

When an adjectival phrase（very + adj. ）is used as the attribute，the particle "的" is added.

很 + 形容词 + 的 + ……

很 + adjective + 的 + ……

例如：

E. g. ,

（7）很好的老师

（8）很新的书

xīn

表示人或事物的性质，定语与中心语之间不用结构助词"的"。

When the nature of people or things is described，the structural particle "的" should be omitted between the attributive and the head word.

例如：

E. g.，

nán xuéshēng
（9）男　学生

nǚ
（10）女学生

（11）中文书

练习 Exercises

1. 看图写词语。 Write the words according to the pictures.

（　　） （　　） （　　） （　　）

2. 连线。Matching.

wǎn'ān　　　　　　　　知道

zěnme　　　　　　　　漂亮

shéi　　　　　　　　　晚安

yòng　　　　　　　　　很

Zhōngwén　　　　　　不

zhège　　　　　　　　中文

hěn　　　　　　　　　谁

de　　　　　　　　　　怎么

piàoliang　　　　　　用

zhīdào　　　　　　　　这个

bù　　　　　　　　　　的

3. 在适当位置加上"的"。Put "的" in the proper place.

（1）这（A）是（B）我（C）手机（D）。

（2）那（A）是（B）谁（C）老师（D）？

（3）他（A）是（B）很（C）好（D）学生。

（4）你（A）名字（B）是（C）什么（D）？

（5）那（A）是（B）谁（C）手机（D）？

（6）老师（A）是（B）很（C）好（D）人。

4. 组句。Rearrange the words to form a sentence.

(1) 老师 我的 是 这

_____

(2) 那是 同学 你的 吗

_____

(3) 漂亮 很 老师 中文

_____

(4) 中文 用 说 怎么 这个

_____

(5) 知道 不 我 名字 你的

_____

(6) 手机 的 那是 老师

_____

5. 对话练习：这是什么？Dialogue practice：What is this?

     Zhè shì shénme?

A：这 是 什么？

     Zhè shì……

B：这 是……

qiánbāo

钱包

běnzi

本子

hùzhào

护照

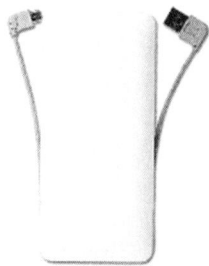

chōngdiànbǎo
充电宝

kōngtiáo
空调

shǒubiǎo
手表

6. 唱唱《这是什么》（配乐《两只老虎》）。Sing the song *What Is This*（Accompaniment：*Two Tigers*）.

Zhè shì shénme, zhè shì shénme?
这 是 什么， 这 是 什么？

Qiánbāo, qiánbāo。
钱包， 钱包。

Nà shì shénme, nà shì shénme?
那 是 什么， 那 是 什么？

Bù zhīdào, bù zhīdào。
不 知道， 不 知道。

7. 用"很……"说下列图片。Use "**很……**" to describe the following pictures.

pàng
胖

shòu
瘦

lèi
累

rè
热

lěng
冷

kùn
困

è
饿

kě
渴

máng
忙

8. 用手机语音输入下列词语和句子，看谁又快又准。 Type the following words and sentences with speech recognition on your phone.

同学　这是　那是　老师　中文

你的老师很漂亮。

那是什么手机？

这是谁的手机？

我不知道。

他是你的同学吗？

她是你的老师吗？

第三课　她是谁

Who is she

课前热身 Warming up

他们是谁？Who are they?

生词 New words

1	您	nín	代	(honorific) you
2	全	quán	形/副	whole, all
3	家	jiā	名	family
4	照片	zhàopiàn	名	photo
5	对	duì	形/动/介	right, to offer for, for

6	姐姐	jiějie	名	elder sister
7	妈妈	māma	名	mom，mother
8	真	zhēn	副/形	really，true
9	年轻	niánqīng	形	young
10	不客气	bú kèqi		You are welcome.
11	介绍	jièshào	动	to introduce
12	朋友	péngyou	名	friend
13	好久不见	hǎojiǔ bújiàn		Long time no see.
14	最近	zuìjìn	名	recent times
15	挺	tǐng	副/动	very，quite，to keep straight
16	位	wèi	量	（a measure word）used before people

课文 Text

课文 ❶ Text 1

A：Zhè shì nín quán jiā de zhàopiàn ma?
A：这 是 您 全 家 的 照片 吗?

B：Duì!
B：对!

A：Tā shì shéi? Tā shì nín jiějie ma?
A：她 是 谁? 她 是 您 姐姐 吗?

B：Bú shì, tā shì wǒ māma。
B：不 是, 她 是 我 妈妈。

A：Zhēn niánqīng!
A：真 年轻!

B：Xièxie!
B：谢谢!

A：Bú kèqi。
A：不 客气。

课文 **2** Text 2

(jièshào péngyou)
（介绍　朋友）

Mǐyà：Hǎojiǔ bújiàn, zuìjìn hǎo ma?
米亚：好久 不见，最近 好 吗?

Àiwén：Tǐng hǎo de, zhè wèi shì shéi?
艾文：挺 好 的，这 位 是 谁?

Mǐyà：Tā shì wǒ de péngyou　Ālǐ。
米亚：他 是 我 的　朋友　阿里。

Ālǐ：Nǐ hǎo!
阿里：你 好!

Àiwén：Nǐ hǎo!
艾文：你 好!

语言知识 Language guidelines

知识 **1** Tip 1

教学视频

是非疑问句 "……吗?"

Interrogation：Yes/No question with "……吗?"

"这是您全家的照片吗?"

在陈述句末尾加上表示疑问的语气助词 "吗"，构成汉语的是非
问句。

A yes or no question is formed by adding the interrogative modal particle

"吗" to the end of a declarative sentence.

例如：

E. g. ,

（1）A：她是你的姐姐吗？

　　　　　　　　　　　　　mèimei
　　　B：不是。她是我的 妹妹 。

（2）A：你是学生吗？

　　　　　　　　　　Jìnán dàxué
　　　B：对。我是暨南 大学 的学生。

（3）A：她漂亮吗？

　　　B：对/是/漂亮。

（4）A：你忙吗？

　　　B：很忙。

知识❷ Tip 2

"挺……的"

"挺好的"

"挺" 表示程度相当高，但是比 "很" 的程度低。用于口语。
"挺" 所修饰的形容词、动词后面常常带 "的"。

"挺" is an adverb indicating that something features a considerable
level of a certain quality, second to "很" in terms of intensity. It is often
used in oral Chinese. An adjective or verb modified by "挺" is often
followed by "的".

1. 挺＋形容词［＋的］

挺＋adjective［＋的］

例如：

E. g. ,

（1）我挺忙的。

（2）她挺漂亮的。

（3）老师挺年轻的。

（4）我挺困的。

2. 挺 + 心理动词［ + 的］

挺 + psychological verb［ + 的］

例如：

E. g. ,

（1）我挺 想 认识他的。

（2）老师挺 喜欢 我的。

知识 ❸ Tip 3

感叹句

Exclamatory sentences

"真年轻!"

感叹句表示感叹。

Exclamatory sentences are used to convey strong emotions.

1. 真/太 + 形容词

真/太 + adjective

例如：

E. g. ,

（1）真漂亮！

（2）真好！

（3）真帅！

注意："真" 不用于描写。

Note："真" should not be used in objective description.

例如：

E. g. ,

她是一个真漂亮的老师。（×）

她是一个很漂亮的老师。（√）

2. 好/多 + 形容词 ［句末常加 "啊"］

　　好/多 + adjective

Exclamatory sentences often have an "啊" at the end.

例如：

E. g. ,

（1）这个大学 多 好啊！
<small>　　　　　　　duō　a</small>

（2）这个学 校 好大啊！
<small>　　　　　xiào</small>

练习 Exercises

1. 我的全家福。My family photo.

yéye 爷爷	nǎinai 奶奶	wàigōng 外公	wàipó 外婆
bàba 爸爸	māma 妈妈	gēge 哥哥	dìdi 弟弟
jiějie 姐姐	mèimei 妹妹		

2. 最佳全家福。Best family photo.

　　全班分成若干小组，每个小组为一个家庭。请自由分配家庭成员角色，并且介绍自己的家庭。然后拍一张全家福。全班评出最佳全家福。

The class is divided into several groups，and each group is a "family". Please feel free to assign roles and introduce your "family". Take a "family photo" for the class to vote on the one they like best.

3. 根据拼音写词语。Write the words according to Pinyin.

péngyou	zhēn	tǐng	zhàopiàn
( )	( )	( )	( )

jièshào	jiějie	niánqīng	zuìjìn
( )	( )	( )	( )

4. 看图，用"挺……的"写句子。Make sentences with "挺……的" according to the pictures.

参考词语：

máng	lèi	cōngmíng	guì	dà	rè
忙	累	聪明	贵	大	热

（1） _____

（2） _____

（3） _____

（4） _____

（5） ￥580 _____

5. 对话练习：他/她是谁？Dialogue practice：Who is he/she？

Tā/Tā shì shéi?
A：他/她 是 谁？

Tā/Tā shì……
B：他/她 是……

　yīshēng 医生	　hùshi 护士	　bìngrén 病人
　xuéshēng 学生	　chúshī 厨师	　fúwùyuán 服务员
　lǜshī 律师	　jìzhě 记者	　jǐngchá 警察

xiāofáng yuán 消防　员	gōngchéngshī 工程师	sījī 司机
lǐfà　shī 理发　师	kuàidì yuán 快递　员	lǎobǎn 老板

6. 猜猜我是谁。Guess who I am.

老师提前准备好词卡。将学生分成两人一组，每人拿一张卡片，不能给对方看。大家互相用"你是……吗?"来猜对方是谁。谁最快猜出，则该组获胜。

Put the students in pairs. Each of them takes a role card prepared by the teacher，and keep it to oneself. Question each other with "你是……吗?" and guess the other's identify. The team that comes up with the correct answers the fastest wins.

7. 组句。Rearrange the words to form a sentence.

（1）同学　他的　吗　这是

_____

（2）是　你　谁

_____

（3）全家　是　的　我　不　这　照片

_____

（4）位　这　姐姐　我　是　的

_____

（5）久　见　好　不

_____

8. 用手机语音输入下列词语和句子，看谁又快又准。Type the following words and sentences with speech recognition on your phone.

朋友　照片　真年轻　好久不见

你是谁？

这位是他的妈妈。

这是你的老师吗？

你爸爸真年轻。

她不是我的姐姐。

9. 画出你的全家福，写上汉语称谓。Draw a picture of your family and address your family members in Chinese.

第四课　多少钱
How much money

他们在卖什么？What are they selling?

生词 New words

1	多少	duōshao	代	how many，how much
	多	duō	形	many，a lot of
	少	shǎo	形	few，little，less
2	钱	qián	名	money
3	老板	lǎobǎn	名	shop owner；boss

4	苹果	píngguǒ	名	apple
5	卖	mài	动	to sell
6	公斤	gōngjīn	量	kilogram
	斤	jīn	量	(a measure word) *jin*, a unit of weight in China (1 *jin* = 0.5kg)
7	块	kuài	量	*kuai*, a basic monetary unit in China
8	太……了	tài……le		too, excessively
9	贵	guì	形	expensive
10	便宜	piányi	形	cheap, inexpensive
11	一点儿	yìdiǎnr	数量	a little, a bit
12	吧	ba	助	a modal particle used at the end of a sentence
13	给	gěi	动	to give
14	要	yào	动	to want; would like
15	买	mǎi	动	to buy
16	两	liǎng	数	two (used before a measure word)
17	支	zhī	量	a measure word for pen, pencil, etc.
18	笔	bǐ	名	pen, pencil, brush
19	本	běn	量	a measure word for book
20	书	shū	名	book

21	一共	yígòng	副	in total, altogether
22	可以	kěyǐ	动	can, could, may
23	微信*	wēixìn	名	WeChat
24	支付	zhīfù	动	to pay

课文 Text

课文 ① Text 1

Ālǐ : Lǎobǎn, píngguǒ zěnme mài?
阿里：老板， 苹果 怎么 卖?

lǎobǎn：Yì gōngjīn shí kuài。
老板：一 公斤 十 块。

Ālǐ : Tài guì le, piányi yìdiǎnr ba。
阿里：太 贵 了, 便宜 一点儿 吧。

lǎobǎn：bā kuài。
老板：八 块。

Ālǐ : Hǎo ba。Gěi nín qián。
阿里：好 吧。给 您 钱。

课文 ② Text 2

Mǐyà : Nín hǎo, wǒ yào mǎi liǎng zhī bǐ、 yì běn shū, yígòng duōshao
米亚：您 好, 我 要 买 两 支笔、一 本 书, 一共 多少

qián?
钱?

说明：加 * 的词语不要求掌握书写。

Note：Competence in writing words marked with asterisks is not required.

lǎobǎn: Yígòng sì shí kuài (qián)。
老板： 一共 四十 块 （钱）。

Mǐyà: Kěyǐ wēixìn zhīfù ma?
米亚： 可以 微信 支付 吗？

lǎobǎn: Kěyǐ。
老板： 可以。

语言知识 Language guidelines

知识 ❶ Tip 1

数词 + 量词 + 名词

Numeral + measure word + noun

"一本书"

汉语里数量词作名词的定语，表示事物的数量。每种事物都有相应的计量单位（量词）。例如：

Numeral-classifier compounds are used as attributives of the nouns to indicate the amount of things. Everything has its corresponding unit of measurement （a measure word） in Chinese language. E. g. ，

数	量	名
一	位/个	老师
两	本	书
三	zhī 只	gǒu 狗

（续上表）

数	量	名
四	支	笔
五	liàng 辆	qìchē 汽车
六	jiàn 件	yīfu 衣服
七	shuāng 双	xié 鞋
八	斤	shuǐ 水 果
九	zhāng 张	照片
十	bǎ 把	yǔsǎn 雨伞

知识❷ Tip 2

数字记法

Number

汉语中的数字，超过四位、少于八位的，记为"……万"。

The number containing five to eight digits is presented in the form of "…ten thousand" in Chinese.

100	yì bǎi 一 百
1000	yì qiān 一 千

（续上表）

10000	yí wàn 一 万
100000	shí wàn 十 万
1000000	yì bǎiwàn 一 百万
10000000	yì qiān wàn 一 千 万
100000000	yí yì 一 亿

"0"在末尾不必读出来，"0"在中间需要读出来，连续几个"0"在中间只要读一个"0"即可。

There are three situations：when "0" appears at the end of a number, it is silent；when "0" is in the middle of a number, it is pronounced；when several "0" successively appear in the middle of a number, it is only pronounced once.

20	èr shí 二 十
17890	yí wàn qī qiān bā bǎi jiǔ shí 一 万 七 千 八 百 九 十
1024	yì qiān líng èr shí sì 一 千 零 二 十 四
10809	yí wàn líng bā bǎi líng jiǔ 一 万 零 八 百 零 九

（续上表）

300408	sān shí wàn líng sì bǎi líng bā 三 十 万 零 四 百 零 八
6000008	liù bǎiwàn líng bā 六 百万 零 八
570000	wǔ shí qī wàn 五 十 七 万

知识 ❸ Tip 3

"吧"

"便宜一点儿吧"

语气助词"吧"有多种用法，一种是用在句尾表示商量、提议、请求、同意等，另一种是表示不确定的疑问。例如：

The modal particle "吧" has many usages. It can be used at the end of a sentence to lend it a negotiating, suggestive, inquisitive or agreeing tone, or to express uncertainty. E. g. ,

yìqǐ qù
（1）我们一起 去吧。（提议）

（2）便宜点儿吧。（请求、商量）

（3）好吧，给你。（同意）

Zhōngguó
（4）A：你是 中国 人吧？（不确定）

　　　B：不是，我是日本人。

知识 **4** Tip 4

"二""两"

"两支笔"

"二"和"两"都表示数量是2，但是读音不同，"二"读"èr"，"两"读"liǎng"。

The characters "二" and "两" both mean "two", but their pronunciations are different. "二" is read "èr", and "两" is read "liǎng".

"二"一般用于表示数字、序号和号码；"两"只能用在"百、千、万、亿"前。小的数字一般读"二"，大的数字一般读"两"，200和2000则两种读法都可以。

"二" is generally used to represent digits, serial numbers and numbers; "两" can only be used before "百、千、万、亿". Small numbers are generally read "èr", while large numbers are generally read "liǎng", and 200 and 2000 can be read in both ways.

"两"后面可加量词＋名词。例如：

"两" should be used before a measure word and a noun. E. g. ,

（1）两杯水

（2）两个人

知识 **5** **Tip 5**

双宾句

The sentence with two objects

"给您钱。"

中文里有些动词可以带两个宾语：第一个宾语叫间接宾语，一般指人；第二个宾语叫直接宾语，一般指物。但是能带双宾语的动词比较少，多数动词不能带双宾语。可以带双宾语的动词有"给、教、借、还、问、回答、告诉"等，这些动词一般具有方向性或对象性。例如：

Some Chinese verbs can take two objects：the first is called the indirect object，usually referring to people；the second is the direct object，usually referring to something. The number of these verbs is relatively small，and most verbs can't take two objects. The verbs that can take double objects include "给、教、借、还、问、回答、告诉"，etc. These verbs are generally directional or object-oriented. E. g. ，

（1）老师给我书。

（2）李 (Lǐ) 老师教 (jiāo) 我们中文。

（3）他问 (wèn) 我问题 (tí)。

练习 Exercises

1. 连线。 Matching.

wǎn'ān	卖
yígòng	买
liǎng	晚安
zhīfù	贵
mǎi	便宜
mài	多少
guì	一共
piányi	支付
duōshao	给
gěi	两

2. 说一说，写一写。 Say and write.

_____   _____   _____

3. 算一算，写一写。 Count and write.

máo
例如：三 毛 + 四毛 = 七毛

jiǎn 减 （ − ）	jiā 加 （ + ）	děngyú 等于 （ = ）

（1） 一块 – 五毛 =   （2） 两块 + 七块 =

（3） 四块五 + 五块五 =   （4） 九十块 – 三十块 =

（5） 十块 – 三块 =   （6） 六块 – 三块 =

（7） 一百块 + 两百块 =   （8） 五毛 + 八毛 =

4. 想一想，写一写。 Think and write.

(1) 一（　　）书　　　一（　　）笔　　　一（　　）照片

kāfēi

(2) 一（　　）水　　　一（　　）咖啡　　　一（　　）老师

(3) 一（　　）伞　　　一（　　）桌子　　　一（　　）车

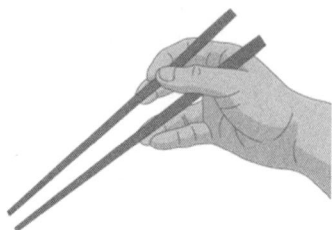

(4) 一（ 　 ） 筷子 kuài 　 一（ 　 ） 空调 　 一（ 　 ） 衣服

5. 用中文写出下列数字。Write numbers in Chinese.

例如：23 　 二十三

líng 零	bǎi 百	qiān 千	wàn 万
16	115	5602	17018
_____	_____	_____	_____
340008	7000000	689003	1009
_____	_____	_____	_____

6. 选词填空。Choose the right words to fill in the blanks.

可以　贵　一共　卖　多少　给　要

（1） 苹果怎么（ 　 ）？

（2） 妈妈（ 　 ）我钱。

（3） 太（ 　 ）了，便宜一点儿吧。

（4） 我（ 　 ）买笔。

（5） 他（ 　 ）说中文。

（6）书、笔（　　　）九十块。

（7）这本书（　　　）钱？

7. 组句。Rearrange the words to form a sentence.

（1）贵　了　太

_____

（2）一点儿　吧　便宜

_____

（3）钱　多少　本　书　那

_____

（4）支付　微信　吗　可以

_____

（5）两　笔　一　本　支　书　要　我

_____

（6）多少　一共　钱

_____

8. 课堂游戏：买东西。Class game：Shopping.

　　每 6～8 个学生为一组，每个小组准备若干商品，商品的定价不能超过 20 块。老师给各组分发同等数量的钱。各组自由交易，交易过程中必须使用中文。最后看哪个小组赚的钱最多。

　　Prepare goods as a group of 6－8

students and price them below ￥20. Use Chinese to do trading with money distributed equally by the teacher. The group earning the most money wins.

参考词语：

xiànjīn	zhīfùbǎo	wēixìn
现金	支付宝	微信

（7）这本书（　　　）钱？

参考词语：

xiànjīn
现金

zhīfùbǎo
支付宝

wēixìn
微信

第五课　你吃什么
What do you eat

你喜欢中国菜吗？你知道在中国怎么点菜吗？Do you like Chinese food? Do you know how to order food in China?

生词 New words

1	吃	chī	动	to eat
2	在	zài	动/介	in; at
3	食堂	shítáng	名	canteen, dining hall

4	这些	zhèxiē	代	these
	些	xiē	量	(a measure word) some
5	阿姨*	āyí	名	aunt
6	包子	bāozi	名	baozi; steamed stuffed bun
7	那些	nàxiē	代	those
8	饺子	jiǎozi	名	jiaozi; dumpling
9	份	fèn	量	(a measure word) a set of
10	中午	zhōngwǔ	名	noon
11	饭店	fàndiàn	名	restaurant
	店	diàn	名	shop
12	服务员*	fúwùyuán	名	waiter; waitress
13	请问	qǐngwèn	动	Excuse me, may I ask…
	问	wèn	动	to ask, to inquire
14	咖喱*	gālí	名	curry
15	鸡	jī	名	chicken
16	碗	wǎn	名	bowl
17	米饭	mǐfàn	名	rice
18	炒面	chǎomiàn	名	fried noodles; chow mein
19	鸡蛋	jī dàn		egg
20	喝	hē	动	to drink

21	西红柿*	xīhóngshì	名	tomato
22	汤	tāng	名	soup
23	瓶	píng	名	bottle
24	可乐	kělè	名	cola

课文 Text

课文 ❶ Text 1

（zài shítáng）
（在　食堂）

Ālǐ：Zhèxiē shì shénme?
阿里：这些　是　什么？

āyí：Zhèxiē shì bāozi。
阿姨：这些　是 包子。

Ālǐ：Nàxiē shì shénme?
阿里：那些　是　什么？

āyí：Nàxiē shì jiǎozi。
阿姨：那些　是　饺子。

Ālǐ：Jiǎozi duōshao qián?
阿里：饺子　多少　钱？

āyí：Sì kuài wǔ yí fèn。
阿姨：四　块　五　一　份。

Ālǐ：Bāozi ne?
阿里：包子　呢？

āyí：Yí kuài qián yí gè。
阿姨：一　块　钱　一　个。

课文 ❷ Text 2

(zhōngwǔ zài fàndiàn)
（中午 在 饭店）

fúwùyuán：Nǐmen hǎo! Qǐngwèn, yào chī shénme?
服务员：你们 好! 请问， 要 吃 什么?

Ālǐ：Yào yí fèn gālí jī、 yì wǎn mǐfàn。
阿里：要 一 份 咖喱 鸡、一 碗 米饭。

Mǐyà：Wǒ yào yí fèn chǎomiàn、yí gè jī dàn。
米亚：我 要 一 份 炒面、 一 个 鸡 蛋。

fúwùyuán：Hē diǎnr shénme?
服务员：喝 点儿 什么?

Ālǐ：Yì wǎn xīhóngshì jī dàn tāng。
阿里：一 碗 西红柿 鸡 蛋 汤。

Mǐyà：Wǒ yào yì píng kělè。
米亚：我 要 一 瓶 可乐。

fúwùyuán：Hǎo de。
服务员：好 的。

语言知识 Language guidelines

知识 ❶ Tip 1

"请问，……?"

"请问，要吃什么?"

向别人询问事情时常说"请问，……?"。例如：

When we ask someone a question, we usually begin with "请问"
(excuse me; may I ask...). E. g.,

(1) 请问，你叫什么名字?

（2）请问，这个用中文怎么说？

（3）请问，这本书多少钱？

（4）请问，你吃什么？

知识❷ Tip 2

"……呢₁？"

"包子呢？"

"……呢？"承接前一话题提出问题。例如：

"……呢" is used to lead to the same question as asked before. E. g. ,

（1）A：你叫什么名字？

    B：我叫阿里。你呢？（=你叫什么名字？）

    A：我叫米亚。

（2）A：包子多少钱？

    B：一块钱一个。

    A：饺子呢？（=饺子多少钱？）

    B：四块五一份。

知识❸ Tip 3

介词"在"

The preposition "在"

"在食堂"

介词"在"加上处所词放在谓语动词前面，表示动作行为发生的地点。例如：

Placed before a predicate verb，the preposition "在" together with a location word denotes the place where an act occurs. E. g.，

(1) 我在食堂吃包子。

(2) 学生在教室看书。
<small>kàn</small>

知识 ④ Tip 4

"一" 的变调

The tone sandhi of "一"

数词 "一" 的本调是第一声，在单独念、数数或读号码时，读本调。

"一" 的发音根据后面音节的声调改变。"一" 后面的音节是第一、二、三声时，"一" 读成第四声；"一" 后面的音节是第四声时，"一" 读成第二声。例如：

The original tone of the numeral "一" is the first tone. When standing alone or appearing in a number，it is read in the original tone.

The tone of "一" may vary with the tones of syllable that comes after it：if preceded by the first，the second or the third tone，"一" is pronounced the fourth tone；if preceded by the fourth tone，it is pronounced in the second tone. E. g.，

yìbān 一般	yì nián 一 年	yì wǎn 一 晚	yí wèi 一 位
yì tiān 一 天	yì jié 一 节	yì bǐ 一 笔	yí piàn 一 片

练习 Exercises

1. 连线。Matching.

wǎn'ān   吃

shítáng   喝

xīhóngshì   晚安

chī   食堂

zài   服务员

hē   西红柿

kělè   在

fàndiàn   可乐

fúwùyuán   饭店

2. 选词填空。Choose the right words and fill in the blanks.

米饭　饺子　炒面　包子　可乐　咖喱鸡

份　碗　瓶

一（　）_____

一（　）_____

一（　）_____

一（　）_____

一（　）_____

一（　）_____

mántou
一（　）馒头

miàntiáo
一（　）面条

chángfěn
一（　）肠粉

一（　）水

cān
一（　）中餐

Kěndéjī
一（　）肯德基

3. 量词大挑战。Exercise for measure words.

老师将班级分成 A、B 两组，A 组学生说名词，B 组学生迅速地报出该名词对应的量词。老师判断对错，说的量词对，则 B 组加 1 分，量词不对则 A 组加 1 分，得分高的小组获胜。

The teacher divides the class into groups A and B. The students of group A provide a noun, and group B students should answer with the corresponding measure word of it as soon as possible. With the teacher acting as a judge, group B scores one point with the correct answer, otherwise group A scores. The group with a higher score wins.

4. 问题接龙："请问……?" Solitaire："请问……?"

老师将全班分成若干小组。小组内学生提问接龙，前一个同学提问："请问，你要吃什么?"后一个同学答"我要吃……"，答的同学回答完毕，再继续用"请问，你要吃什么?"提问下一个同学。一轮结束后，可以继续展开下一个话题"请问，你要喝什么?"……

The teacher divides the class into several groups. The students in the group ask questions in succession："Excuse me, what do you want to eat?" Before asking the same question to the other, the one should reply："I want to eat..." The Q & A goes on until everyone in the group gives their answer. When the round is over, the next topic can be introduced: "Excuse me, what would you like to drink?"

5. 根据图片完成对话。 Complete the dialogues according to the pictures.

（1）A：这是什么？

　　B：这是＿＿＿＿＿＿。

（2）A：你好！＿＿＿＿＿＿？

　　B：我要＿＿＿＿＿＿。

6. 组句。 Rearrange the words to form a sentence.

（1）什么　你　吃　要

＿＿＿＿＿＿＿＿＿＿＿＿＿＿＿＿

（2）炒饭 食堂 在 他 吃

_____

（3）可乐 喝 我 一瓶

_____

（4）饭店 在 老师 不

_____

（5）一碗 要 炒面 她

_____

7. 设计你的菜单。Design your menu.

每个同学课后设计一份菜单，标注食物或者饮料的名称和价格，并写上量词。4～5个同学一组，选出最好的菜单，并用菜单模拟饭馆点餐对话。

Each student design a menu after class, mark the name and price of the food or drink, as well as the measure words. In groups of 4 – 5 students, choose the best menu and use it to simulate a conversation of ordering food in restaurant.

8. 舌尖上的美食：问问你的中国朋友，下面的美食用中文怎么说。

Ask your Chinese friends：How to name the dishes below in Chinese?

(1) _____ (2) _____ (3) _____

(4) _____ (5) _____ (6) _____

9. 美食朋友圈。 Moment of food.

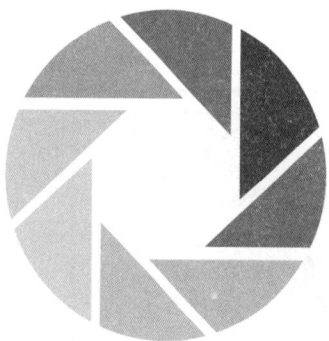

去一家中国饭馆点餐，吃的和喝的都要点，然后拍照发朋友圈，并附上点的菜名的文字说明，用上学过的词语，获得点赞数量最多的同学获胜。

Go to a Chinese restaurant and order both food and drink，then take a photo and post it to your moments，along with the text description of the dish you order. Use the words you have learned，and the student who gets the most likes wins.

第六课 你去哪儿
Where will you go

说一说：他们在哪儿，在吃什么？Where are they? What are they eating?

生词 New words

1	去	qù	动	to go
2	哪儿	nǎr	代	where
3	汉堡	hànbǎo	名	hamburger
4	晚上	wǎnshang	名	evening

5	图书馆	túshūguǎn	名	library
6	做	zuò	动	to do
7	作业	zuòyè	名	homework, task
8	一起	yìqǐ	副/名	together; the same place
9	再见	zàijiàn	动	goodbye
10	饿	è	形	hungry
11	烧烤*	shāokǎo	名	barbecue
12	怎么样	zěnmeyàng	代	how, what about
13	再	zài	副	in addition
14	啤酒	píjiǔ	名	beer
15	对不起	duìbuqǐ	动	I'm sorry, to be sorry
16	红茶	hóngchá	名	black tea
	红	hóng	形	red
	茶	chá	名	tea
17	啊*	a	叹	Ah, oh

专名 Proper nouns

1	星巴克	Xīngbākè	Starbucks
2	麦当劳	Màidāngláo	Mcdonald's
3	林一	Lín Yī	Lin Yi（a Chinese name）

课文 Text

课文 ① Text 1

Àiwén：Nǐ qù nǎr?
艾文：你 去 哪儿?

Mǐyà：Wǒ qù Xīngbākè。Nǐ ne?
米亚：我 去 星巴克。你 呢?

Àiwén：Wǒ qù Màidāngláo mǎi hànbǎo。
艾文：我 去 麦当劳 买 汉堡。

Mǐyà：Wǎnshang wǒ qù túshūguǎn zuò zuòyè。Nǐ qù ma?
米亚： 晚上 我 去 图书馆 做 作业。你 去 吗?

Àiwén：Hǎo。Wǒmen yìqǐ qù。
艾文：好。 我们 一起 去。

Mǐyà：Hǎo。Zàijiàn!
米亚：好。 再见!

Àiwén：Zàijiàn!
艾文：再见!

课文 ② Text 2

Lín Yī：Wǒ hěn è。
林 一：我 很 饿。

Ālǐ：Wǒ yě shì。Wǒmen yìqǐ qù chī shāokǎo ba。Zěnmeyàng?
阿里：我 也 是。 我们 一起 去 吃 烧烤 吧。 怎么样?

Lín Yī：Hǎo de。Zài hē diǎnr píjiǔ。
林 一：好 的。再 喝 点儿 啤酒。

Ālǐ：Duìbuqǐ, wǒ bù hē píjiǔ。
阿里：对不起,我 不 喝 啤酒。

Lín Yī：Hǎo ba。Hē hóngchá, zěnmeyàng?
林 一：好 吧。喝 红茶, 怎么样?

Ālǐ：Hǎo a。
阿里：好 啊。

语言知识 Language guidelines

知识 ❶ Tip 1

连动句 [教学视频]

Sentences with a serial verb construction

"晚上我去图书馆做作业。"

由两个或两个以上动词或动词短语作谓语的句子叫连动句。连动句表达动作行为及其方式或动作行为及目的。

The predicate of this sentence type consists of two or more verbs or verb phrases. This type of sentence is used to clarify the action taken by the agent and its manner or purpose.

1. 表达动作行为及目的：去/来 + （地方）+ 做……

例如：

Indicating the purpose of an action：go ∕come to + （place）+ to do something

E. g. ,

（1）我去学校学习中文。（xí）

（2）他去食堂买包子。

（3）妈妈来中国玩。（lái wán）

（4）她来饭店吃饺子。

2. 表达动作行为及其方式：方式 + 做什么

例如：

Indicating the manner of an action：how to do something

E. g. ,

zuò fēijī
（1）我 坐 飞机去中国。

qí zìxíngchē
（2）我们骑 自行车 去食堂。

diànnǎo gōngzuò
（3）我用 电脑　 工作 。

3. 表示连续的动作：主语 + 动作₁ + 动作₂ + 动作₃ + ……

例如：

Indicating the action in succession：subject + verb₁ + verb₂ + verb₃ + …

E. g. ,

zhàn qǐlái   le
（1）他 站 起来，喝了一杯水，吃了一个包子。

xiě zì hái dǎ diànhuà
（2）老师看书、写字，还 打了 电话 。

知识❷ Tip 2

"……怎么样?"

"我们一起去吃烧烤吧。怎么样?"

疑问代词"怎么样"可以用来询问状况或者征求别人的看法或意见。例如：

The interrogative pronoun "怎么样（how；what about …）" can be used to ask about a state of affairs or inquire about other people's opinion. E. g.,

   （1）A：你们学校怎么样？

        B：很好。

   （2）A：明天我们去图书馆，怎么样？

        B：好的。

练习 Exercises

1. 根据词语选择图片。Choose the right picture for each word.

A   B   C   D

E   F   G   H

啤酒（　　） 　图书馆（　　） 　烧烤（　　） 　做作业（　　）

茶（　　） 　　汉堡（　　） 　　晚上（　　） 　去（　　）

2. 对话练习：你去哪儿？Dialogue practice：Where will you go？

　　　　Nǐ qù nǎr?
A：你 去 哪儿？

　　　　Wǒ qù……
B：我 去……

 yīyuàn 医院	 yínháng 银行	 chāoshì 超市
 shāngdiàn 商店	 xǐshǒujiān 洗手间	 bàngōngshì 办公室

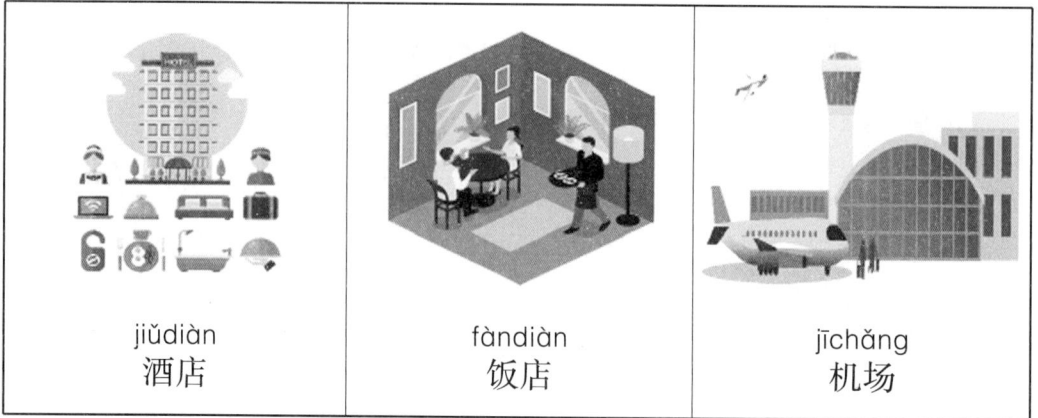

jiǔdiàn 酒店	fàndiàn 饭店	jīchǎng 机场

3. 根据图片，用"来/去……做……"结构写句子。 Make sentences by using **"来/去……做……"** according to the pictures.

（1）_____

（2）_____

（3）_____

（4）_____

4. 从Ⅱ中选择合适的内容组成句子。Choose the appropriate word from **Ⅱ** to form a sentence.

Ⅰ	Ⅱ
（1）我去饭店（　　）。	A. 买可乐
（2）学生去办公室（　　）。	B. 学习中文
（3）妈妈用手机（　　）。	C. 做作业
（4）朋友去中国（　　）。	D. 支付
（5）她来图书馆（　　）。	E. 见老师
（6）他去商店（　　）。	F. 去广州
（7）老师坐车（　　）。	G. 吃炒饭

5. 组句。Rearrange the words to form a sentence.

（1）哪儿 你 去 晚上

_____

（2）茶 一点儿 去 我们 喝 一起 吧

_____

（3）去 做 晚上 图书馆 作业 他们

_____

（4）朋友 也 烧烤 吃 不 我的

_____

（5）不 吗 食堂 老师 去

_____

6. 改错句。Correct the sentences.

（1）我学习中文在大学。

_____

（2）妈妈吃面条去饭店。

_____

（3）老师喝水一点儿。

_____

（4）他不很饿。

_____

（5）苹果太很贵了。

_____

（6）老师是很漂亮。

_____

（7）她是很好学生。

_____

（8）我买二瓶可乐。

_____

（9）姐姐买三笔。

_____

（10）你去哪儿吗？

_____

7. 回答问题。Answer questions.

（1）中午你去哪儿吃饭？

_____

（2）晚上你去哪儿做作业？

_____

（3）你喝茶吗？

_____

（4）你的中文怎么样？

_____

（5）你去哪儿喝咖啡？

_____

（6）你吃汉堡吗？

_____

8. 用手机语音输入下列词语和句子，看谁又快又准。 Type the following words and sentences with speech recognition on your phone.

一起　茶　啤酒　作业　图书馆　烧烤

我去麦当劳。

妈妈不去星巴克。

你去哪儿？

我去图书馆做作业。

朋友不喝啤酒。

姐姐不吃汉堡。

9. 找三个中国人，问他/她去哪儿、做什么，并记下来。 Interview three Chinese people, ask him/her where he/she is going and what he/she is doing, and write their answers down.

（1）_____

（2）_____

（3）_____

第七课　怎么去
How do you go

你每天怎么来学校？How do you come to school everyday？

🔖 生词 New words

1	路	lù	名	road
2	坐	zuò	动	to sit，to take，by
3	公交车	gōngjiāo chē		bus
4	地铁	dìtiě	名	subway，metro
5	现在	xiànzài	名	now
6	出租车	chūzūchē	名	taxi，cab

7	银行	yínháng	名	bank
8	走	zǒu	动	to walk
9	路人	lùrén	名	passerby
10	往	wǎng	介/动	towards，to；to go
11	前边	qiánbian	名	front
	后边△	hòubian	名	back
	边	biān	名/副	side；beside
12	到	dào	动	to arrive
13	路口	lùkǒu	名	crossroad
14	左	zuǒ	名	left
	右△	yòu	名	right
15	拐	guǎi	动	to turn
16	东	dōng	名	east
	南△	nán	名	south
	西△	xī	名	west
	北△	běi	名	north
17	和	hé	连	and
18	咖啡*	kāfēi	名	coffee
19	中间	zhōngjiān	名	middle

专名 Proper nouns

| 1 | 北京路 | Běijīng Lù | | Beijing Road |

说明：加△的词语为课文内延伸词语。

Note：The words marked with triangles are supplemental words out of the text.

| 2 | 中国 | Zhōngguó | China |
| 3 | 中国银行 | Zhōngguó Yínháng | Bank of China |

课文 Text

课文 ❶ Text 1

Ālǐ ： Wǒ yào qù Běijīng Lù, nǐmen zhīdào zěnme qù ma?
阿里：我 要 去 北京 路，你们 知道 怎么 去 吗？

Mǐyà：Zhīdào。Kěyǐ zuò gōngjiāo chē, yě kěyǐ zuò dìtiě。
米亚：知道。可以 坐 公交 车，也 可以 坐 地铁。

Àiwén：Xiànzài gōngjiāo chē hé dìtiě rén hěn duō, zuò chūzūchē ba。
艾文：现在 公交 车 和 地铁 人 很 多，坐 出租车 吧。

课文 ❷ Text 2

Ālǐ ： Qǐngwèn, Zhōngguó Yínháng zěnme zǒu?
阿里：请问，中国 银行 怎么 走？

lùrén： Wǎng qiánbian zǒu, dào lùkǒu wǎng zuǒ guǎi, zài wǎng dōng zǒu。
路人：往 前边 走，到 路口 往 左 拐，再 往 东 走。

Yínháng zài fàndiàn hé kāfēi diàn zhōngjiān。
银行 在 饭店 和 咖啡 店 中间。

Ālǐ ： Xièxie!
阿里：谢谢！

lùrén： Bú kèqi。
路人：不 客气。

语言知识 Language guidelines

知识 ❶ Tip 1

副词"也"

The adverb "也"（also）

"也可以坐地铁"

副词"也"放在动词或者形容词前边。

The adverb "也" is placed before verbs or adjectives.

1. 肯定形式：也＋动词/形容词

例如：

Affirmative form：也＋verb/adjective

E. g. ,

（1）他是中国人，我也是中国人。

（2）老师吃米饭，我也吃米饭。

（3）我喜欢吃烧烤，也喜欢吃包子。

kě'ài
（4）姐姐很漂亮，也很可爱。

2. 否定形式：也＋不＋动词/形容词

例如：

Negative form：也＋不＋verb/adjective

E. g. ,

（1）阿里不是中国人，米亚也不是中国人。

（2）他不喝可乐，我也不喝可乐。

（3）爸爸不忙，妈妈也不忙。

（4）老师不吃包子，也不吃饺子。

（5）我不冷，也不热。

知识❷ Tip 2

介词"往"

The preposition "往"

"往前边走"

结构：往＋方位词/处所词［表示方向］　例如：

Structure：往＋directional word/location word（to indicate direction）

E. g.，

（1）往前走。

（2）往左边去。

（3）我要往那儿去。

（4）往东拐是银行。

知识❸ Tip 3

助动词"可以"

The auxiliary verb "可以"

"可以坐公交车"

表示有能力或有条件做某事，否定用"不 能"néng "不会"huì，表示没有能力或者条件做某事。例如：

The auxiliary verb "可以" means "to have the ability or condition to do something". The negative form is "不能" or "不会", which means "there is no ability or condition to do something". E. g. ,

（1）我可以说中文。

Hànzì
（2）他可以写汉字。

（3）妈妈不能说中文。

（4）姐姐不会说中文。

表示情理上允许或者环境许可。否定形式"不可以"表示情理上不允许或者环境不许可。例如：

"可以" also means it is reasonable to do something or the circumstance allows one to do something. Its negative form "不可以" suggests that the action is unacceptable. E. g. ,

（1）在中国买东西可以用微信支付。

（2）不知道的汉字可以问老师。

chōu yān
（3）这儿不可以 抽 烟。

（4）你不可以在这儿打电话。

知识❹ Tip 4

"怎么" + 动词

Inquiring about the manner of an action：怎么 + verb

"请问，中国银行怎么走？"

"怎么 + 动词"的形式，用来询问动作行为的方式或方法，请求对方说明"怎么做某事"。例如：

"怎么 + verb" is a pattern used to inquire about the manner of an action，asking the other party to explain how to do something. E. g.，

（1）A：银行怎么去?

　　　B：坐车去。

（2）"class"用中文怎么说?

（3）这个汉字怎么写?

知识❺ Tip 5

主谓谓语句

Sentence with an S-P phrase as the predicate

"现在公交车和地铁人很多"

主谓词组作谓语（谓语1），说明或描写主语（主语1）的句子叫主谓谓语句。例如：

A sentence with an S-P phrase as the predicate is the one in which a subject-predicate phrase functions as the predicate（P1）to explain or describe the subject（S1）. E. g.，

主语1（S1）	谓语1（P1）	
	主语2（S2）	谓语2（P2）
我们	工作	很忙。
他	shēntǐ 身体	很好。

练习　Exercises

1. 看图写词语。 Write the words according to the pictures.

_____　_____　_____

_____　_____　_____

_____　_____　_____

2. 你比画我来猜。Charades.

请将上题中的词语打乱展示，一个同学用肢体语言表示，另外一个同学来猜是哪个词语。

Show the words involved in the last question in a random order. A student acts out a word without speaking，while the other tries to guess it.

3. 看图，用"也"写句子。Make sentences with "**也**" according to the pictures.

（1）_____

（2）_____

（3）_____

（4）_____

（5） _____

（6） _____

4. 写出下列方位。Write down the directions.

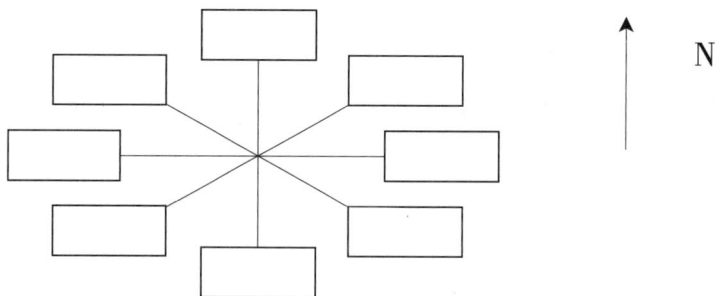

5. 用"可以"描述怎么去医院。Describe how to go to the hospital by using "可以".

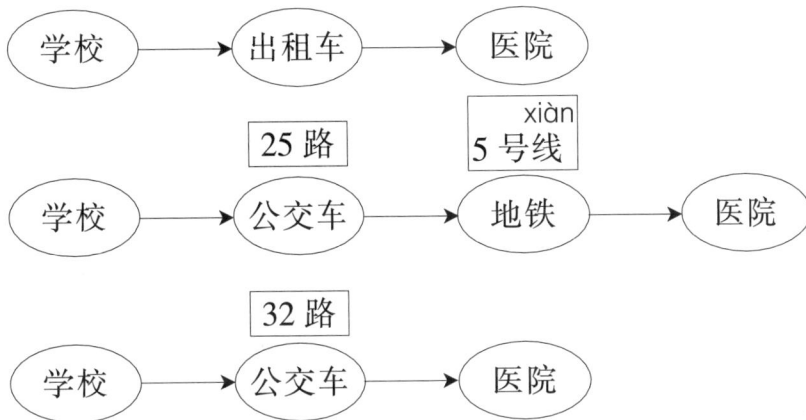

学校 ——→ 出租车 ——→ 医院

25 路

学校 ——→ 公交车 ——→ 地铁 ——→ 医院

（5 号线　xiàn）

32 路

学校 ——→ 公交车 ——→ 医院

（1）_____

（2）_____

（3）_____

6. 用"怎么""怎么样"填空。Fill in the blanks with "怎么" or "怎么样".

（1）她的中文（　　　　）？

（2）这个用中文（　　　　）说？

（3）这个汉字（　　　　）写？

（4）她的书包（　　　　）？

（5）可乐（　　　　）卖？

（6）你们的学校（　　　　）？

（7）我们一起去吃饭，（　　　　）？

（8）这个手机（　　　　）用？

（9）请问，银行（　　　　　）去？

（10）你（　　　　　）来学校？

7. 组句。Rearrange the words to form a sentence.

（1）食堂　去　知道　你　吗　怎么

_____

（2）拐　左　你　往　请

_____

（3）中国　也　人　是　他们　不

_____

（4）坐　可以　地铁　去　银行　我

_____

（5）到　坐　路口　公交车　可以

_____

（6）这儿　是　饭店　不

_____

8. 我说你走。Let me be your eyes.

老师让一位同学蒙上眼睛，另一位同学做引路人。第一位同学在引路人指令下找班级另外一位同学。安排一些同学做路障。成功找到且用时最短的一组获胜。

The first student gets blindfolded，and the second one works as a guide to navigate the way to the third student. Other students in class may act as "barricades". The team succeeding in the shortest time wins.

禁止右转　　禁止左转　　禁止直行　　禁止自行车

直 行　　向左转弯　　向右转弯　　步 行

9. 描述路线。Describe the route.

diànyǐngyuàn 电影院	yóujú 邮局	cháyè 茶叶店
yào 药 店	学校	超市

电影院　　　　银行　茶叶店

药店　邮局　　　学校　书店

超市　　　　饭店　咖啡店
你在这里
♥

10. 我说你画。Follow my instructions.

医院

学校　麦当劳

药店　电影院

银行　饭店

书店　星巴克

超市　咖啡店

11. 我选你去。Orienteering.

选一个地方和一个同学，告诉他怎么去那个地方，让该同学去。该同学回来要报告自己的路线。

Pick a destination and describe the route to it to one of your classmates. The chosen student should present the route taken after the outing.

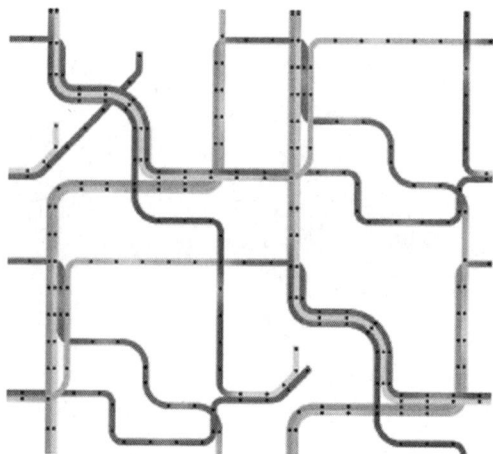

第八课　现在几点

What time is it now

你每天几点上课？几点吃午饭？What time do you go to class every day？What time do you have lunch？

生词 New words

1	几	jǐ	代	how many, what, several
2	点	diǎn	量/名/动	o'clock；dot；to order

3	第	dì	前缀	auxiliary word for ordinal numbers
4	天	tiān	名	day
5	差	chà	动/形	to fall short of, less than
6	分	fēn	量/动	minute; to divide
7	半	bàn	数	half
8	上课	shàngkè	动	to go to class, attend class
9	打车	dǎchē	动	to take a taxi
10	学校	xuéxiào	名	school
11	下课	xiàkè	动	to finish class
12	零*	líng	数	zero
13	刻	kè	量/动	quarter; to carve
14	明天	míngtiān	名	tomorrow
15	月	yuè	名	month
16	号	hào	名	size; number
17	星期六	xīngqī liù		Saturday
18	有	yǒu	动	to have, there be
19	时间	shíjiān	名	time
20	早茶	zǎochá	名	morning tea
21	没	méi	动	have not, not yet, did not
22	星期天	xīngqī tiān	名	Sunday

专名 Proper nouns

广州酒家　　Guǎngzhōu Jiǔjiā　　　Guangzhou Restaurant

课文 Text

课文 ❶ Text 1

(dì yī tiān shàngkè)
(第 一 天　上课)

Ālǐ ：Xiànzài jǐ diǎn?
阿里：现在 几 点？

Àiwén：Chà wǔ fēn bā diǎn。
艾文：差 五 分 八 点。

Ālǐ ：Bā diǎn bàn shàngkè, wǒmen dǎchē qù xuéxiào ba。
阿里：八 点 半 上课， 我们 打车 去 学校 吧。

Àiwén：Hǎo de。Jǐ diǎn xiàkè?
艾文：好 的。几 点 下课？

Ālǐ ：Shí èr diǎn líng wǔ fēn。
阿里：十 二 点 零 五 分。

Àiwén：Shí èr diǎn yí kè wǒmen yìqǐ qù shítáng chīfàn, hǎo ba?
艾文：十 二 点 一 刻 我们 一起 去 食堂 吃饭， 好 吧？

Ālǐ ：Hǎo!
阿里：好！

课文 ❷ Text 2

Ālǐ ：Míngtiān jǐ yuè jǐ hào?
阿里：明天 几 月 几 号？

Mǐyà：Míngtiān shí yuè èr shí wǔ hào, xīngqī liù。
米亚：明天 十 月 二 十 五 号，星期 六。

Ālǐ : Nǐ yǒu shíjiān ma? Yìqǐ qù hē zǎochá ba.
阿里：你 有 时间 吗？一起 去 喝 早茶 吧。

Mǐyà : Xīngqī liù méi shíjiān, xīngqītiān ba. Qù nǎr hē?
米亚：星期 六 没 时间， 星期天 吧。去 哪儿 喝？

Ālǐ : Guǎngzhōu Jiǔjiā.
阿里： 广州 酒家。

Mǐyà : Hǎo de.
米亚：好 的。

语言知识 Language guidelines

知识 ❶ Tip 1

星期几的表达

Expression of weekdays

xīngqī yī
星期 一

xīngqī' èr
星期 二

xīngqī sān
星期 三

xīngqī sì
星期 四

xīngqī wǔ
星期 五

SAT SUN

xīngqī liù
星期 六

xīngqī tiān
星期天

小贴士：

1. "星期天"也可以说成"星期日"。

2. 汉语中，一个星期一般从"星期一"开始，由"星期一""星期二"……到"星期天"。

Tips：

1. Both "星期天" and "星期日" can be used to refer to "Sunday".

2. In Chinese, a week generally begins with "Monday", from "Monday" to "Tuesday" …to "Sunday".

知识 ❷ Tip 2

时间的表达

Expression of time

(1) ……点（钟 zhōng）	8：00	八点（钟）
	12：00	十二点（钟）
(2) ……点……分	8：05	八点零五分
	12：20	十二点二十分

（3）……点……（分）	8：15	八点十五（分）
	12：20	十二点二十（分）
（4）……点零/过^{guò}……分	8：05	八点零/过五分
	12：08	十二点零/过八分
（5）……点……刻	8：15	八点一刻
	8：45	八点三刻
（6）……点半	8：30	八点半
	12：30	十二点半
（7）差……分……点/……点差……分	8：57	差三分九点 九点差三分
（8）差……刻……点/……点差……刻	9：45	差一刻十点 十点差一刻

小贴士：汉语中，时间一般从大到小说，如：8 月 25 日 9 点 32 分 10 秒。

Tips：In Chinese, the way to express the date and time follows the order of the bigger unit preceding the smaller one, such as "8 月 25 日 9 点 32 分 10 秒".

知识 ❸ Tip 3

教学视频

"几" "多少"

"明天几月几号？"

估计被问的数量在 1 ~ 10 之间，用"几"，估计在 10 以上或者难以估计时用"多少"。例如：

When the amount is estimated to be within 1 – 10, "几" is used; when it is more than 10 or can't be estimated, "多少" is used. E. g. ,

(1) 你喝几杯咖啡?

(2) 你家有几口人?
 （口 kǒu）

(3) 你们学校有多少学生?

(4) 一共多少钱?

知识❹ Tip 4

"不""没"

"星期六没时间"

"不"用于动作动词和形容词前，可指过去、现在和将来。"没"用于客观叙述，限于指过去和现在，不能指将来。例如：

Used before action verbs and adjectives, "不" can refer to the past, present and future. "没" is used in objective narration, and refers to the past and the present, but not to the future. E. g. ,

(1) 明天我不去学校。

(2) 今天我没去学校。

(3) 昨天我没吃米饭。
 （昨 zuó）

(4) 今天我不吃米饭。

知识 ⑤ Tip 5

名词谓语句

The sentence with a nominal predicate

"明天十月二十五号，星期六。"

名词谓语句是名词、名词词组、数量词、时间词等作谓语的句子。其语序是主语（S）+谓语（P），意思是"S 是 P"，但是谓语前不加"是"，否定句用"不是 + 名词（N）"。名词谓语句表达时间、价格、日期、数量、天气、年龄、籍贯等。例如：

A sentence with a nominal predicate is the one whose predicate consists of a noun, noun phase, numeral-classifier compound, or temporal word. Its grammatical order is: subject（S）+ predicate（P）, meaning "S is P". "是" should be omitted before the predicate. The negative form is "不是 + noun（N）". Such a sentence is often used to express time, price, date, amount, weather, age or one's native place, etc. E. g.,

(1) 今天几号？

(2) 现在几点？

(3) 我二十岁。
　　　　suì

(4) 今天晴天。
　　　qíng

练习 Exercises

1. 连线。Matching.

wǎn'ān　　　　　　　　　　零

shàngkè　　　　　　　　　　明天

líng　　　　　　　　　　　　晚安

dǎchē　　　　　　　　　　　上课

bàn　　　　　　　　　　　　打车

míngtiān　　　　　　　　　　时间

hào　　　　　　　　　　　　第

kè　　　　　　　　　　　　　号

dì　　　　　　　　　　　　　刻

shíjiān　　　　　　　　　　　半

2. 听一听，找一找："今天"星期几？Listen and find：What day is it today？

MON	TUE	WED	THU	FRI	SAT	SUN
1	2	3	4	5	6	7
8	9	10	11	12	13	14
15	16	17	18	19	20	21
22	23	24	25	26	27	28
29	30					

3. 说一说 "现在几点"。Read the following clocks.

　（1）（　　　　） （2）（　　　　） （3）（　　　　） （4）（　　　　）

　（5）（　　　　） （6）（　　　　） （7）（　　　　） （8）（　　　　）

4. 争分夺秒。Listen and complete the following clocks with hour hands and minute hands.

听录音，画出相应的时间，看谁又快又准。

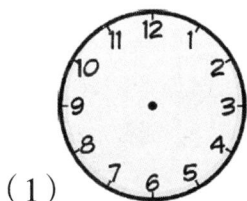

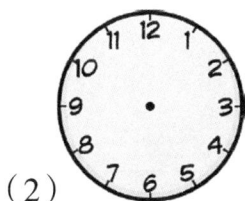

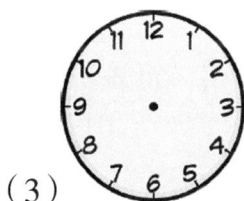

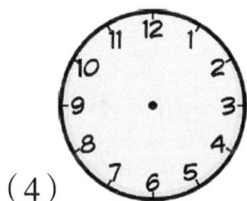

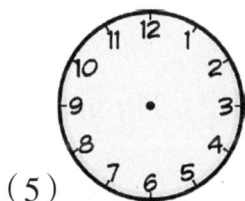

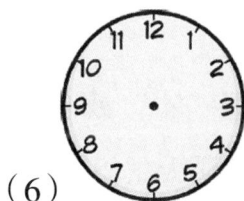

（1）　　　　　（2）　　　　　（3）

（4）　　　　　（5）　　　　　（6）

5. 选一选。Choose.

（1）A 现在 B 十 C 点零八 D 。（　　　　）　　（分）

（2）现在 A 三 B 点 C 一 D 。（　　　　）　　（刻）

（3）A 现在 B 十二 C 点 D 。（　　　　）　　（半）

（4）现在 A 五 B 分 C 四 D 点 。（　　　　）　　（差）

（5）现在 A 二十 B 十八 C 分 D 。（　　　　）　　（点）

6. 根据回答，用"几""多少"提问。Ask questions with "几" or "多少" according to the answers.

（1）A：＿＿＿＿＿＿＿＿＿＿＿＿＿＿＿？

　　　B：他有两个弟弟。

（2）A：＿＿＿＿＿＿＿＿＿＿＿＿＿＿＿？

　　　B：妹妹有三本书。

（3）A：_____？

B：她吃两个包子。

（4）A：_____？

B：我们学校有五千个学生。

（5）A：_____？

B：我有 300 块钱。

（6）A：_____？

B：我可以喝三瓶可乐。

7. 用"不"或"没"填空。Fill in the blanks with "不" or "没".

（1）明天姐姐（　　　　）去银行。

（2）今天他（　　　　）来上课。

（3）A：你要喝咖啡吗？

B：我（　　　　）想喝咖啡，我想喝可乐。

（4）我（　　　　）有微信。

（5）老师（　　　　）是美国人。

（6）昨天妈妈（　　　　）去饭店。

8. 改错句。Correct the sentences.

（1）我们去一起图书馆。

_____

（2）他是也中国人。

_____

（3）我明天朋友去银行。

_____

（4）书不贵，本子不也贵。

_____

（5）你吃多少碗米饭？

_____

（6）姐姐说中文可以。

_____

（7）现在五分九点。

_____

（8）她也是很年轻。

_____

（9）我不有钱。

_____

（10）现在三点二刻。

_____

9. 写一份"我的时间安排"。Make a schedule.

几点	星期						
	星期一	星期二	星期三	星期四	星期五	星期六	星期天

参考词语：

qǐchuáng 起床	chīfàn 吃饭	xǐ yīfu 洗 衣服	xuéxí 学习
kàn diànshì 看 电视	tīng yīnyuè 听 音乐	xǐzǎo 洗澡	shuìjiào 睡觉

第九课　我去朋友家做客
Going to a friend's house

课前热身 Warming up

你去过朋友家吗？他/她的家在哪儿？Have you ever been to a friend's house? Where is his/her house?

生词 New words

1	做客	zuòkè	动	to be a guest
2	后天	hòutiān	名	the day after tomorrow
3	忙	máng	形	busy
4	来	lái	动	to come

5	住	zhù	动	to live，to stay
6	花园	huāyuán	名	garden
7	栋	dòng	量	a measure word for building
8	楼	lóu	名	building
9	房间	fángjiān	名	room
10	口	kǒu	量/名	a measure word for family people；mouth
11	爸爸	bàba	名	father，dad
12	爱	ài	动	to love
13	见	jiàn	动	to meet，to see
14	保安	bǎo'ān	名	security guard
15	找	zhǎo	动	to look for，to find
16	层	céng	量	floor
17	电话	diànhuà	名	telephone
18	号码	hàomǎ	名	number
19	一下	yíxià	数量/副	in a short while，all at once，all of a sudden

课文 Text

课文 ❶ Text 1

Àiwén：Hòutiān nǐ máng ma?
艾文：后天 你 忙 吗?

Ālǐ：Bù máng.
阿里：不 忙。

Àiwén：Lái wǒ jiā zuòkè ba!
艾文：来 我 家 做客 吧！

　Ālǐ ：Hǎo a! Nǐ zhù nǎr?
阿里：好啊！你 住 哪儿？

Àiwén：Wǒ zhù Huāyuán Lù 　hào。
艾文：我 住 花园 路 27 号。

　Ālǐ ：Nǎ dòng lóu?
阿里：哪 栋 楼？

Àiwén：　dòng 　　fángjiān。
艾文：A 栋 1302 房间。

　Ālǐ ：Nǐ jiā yǒu jǐ kǒu rén?
阿里：你 家 有 几 口 人？

Àiwén：Wǒ jiā yǒu sān kǒu rén。Bàba、māma hé wǒ。
艾文：我 家 有 三 口 人。爸爸、妈妈 和 我。

　Ālǐ ：Hǎo de。Wǒ yào gěi nǐmen mǎi sān fèn jiǎozi。
阿里：好 的。我 要 给 你们 买 三 份 饺子。

Àiwén：Nǐ zhēn ài chī jiǎozi!
艾文：你 真 爱 吃 饺子！

　Ālǐ ：Duì a。Hòutiān jiàn!
阿里：对 啊。后天 见！

Àiwén：Hòutiān jiàn!
艾文：后天 见！

课文 ❷ Text 2

bǎo'ān：Qǐngwèn nǐ zhǎo shéi?
保安：请问 你 找 谁？

　Ālǐ ：Wǒ zhǎo Àiwén。
阿里：我 找 艾文。

bǎo'ān：Tā zhù nǎ dòng lóu?
保安：他 住 哪 栋 楼？

　Ālǐ ：Tā zhù 　dòng。
阿里：他 住 A 栋。

bǎo'ān：Nǎge fángjiān?
保安：哪个 房间？

Ālǐ：Shí sān céng。   fángjiān。
阿里：十 三 层。1302 房间。

bǎo'ān：Nǐ de diànhuà hàomǎ shì duōshao? Qǐng shuō yíxià。
保安：你的 电话 号码 是 多少？ 请 说 一下。

Ālǐ：
阿里：73＊＊＊＊＊＊＊＊＊。

语言知识 Language guidelines

知识 1 Tip 1

疑问代词表询问

Questions with interrogative pronouns

"你住哪儿？"

用疑问代词"谁""哪""哪儿""多少""几""什么""怎么""怎么样"等来询问某个具体事物或者数量。例如：

Questions with interrogative pronouns such as "谁"，"哪"，"哪儿"，"多少"，"几"，"什么"，"怎么"，"怎么样"，etc. are used to ask about some specific information. E. g. ,

(1) A：他是谁？

B：他是我朋友。

(2) A：你去哪儿？

B：我去广州。

(3) A：这个多少钱？

B：十块。

（4）A：中国 怎么样^{zěnmeyàng}？

　　B：很好。

（5）A：你家有几口人？

　　B：我家有三口人。

（6）A：你怎么去学校？

　　B：坐地铁去。

（7）A：银行怎么走？

　　B：一直^{zhí}往前走。

注意：除了用"陈述句＋吗"提问的疑问句外，别的问句句尾不能再加"吗"。比如，不能说"你叫什么名字吗?""你是不是学生吗?"……

Note：Interrogative sentences cannot take "吗" at the end except those formed with "declarative sentences + 吗". For example, it is wrong to say "你叫什么名字吗?"，"你是不是学生吗?"…

知识❷ Tip 2

号码的读法

Rules of number

（1）当号码中的数字为基数词时，无论有多少位数字，都要一个一个地读出来。例如：门牌号、电话号、车牌号、护照号等。

When a number is constituted of cardinal numbers, such as house number, telephone number, license plate number and passport number, no matter how many digits it contains, the cardinal numbers should be read out one by one.

líng	yī	èr	sān	sì	wǔ	liù	qī	bā	jiǔ	shí
零	一	二	三	四	五	六	七	八	九	十
0	1	2	3	4	5	6	7	8	9	10

（2）"一"可以读"yī"也可以读"yāo"，在号码中常常读"yāo"。

"一" can be read as "yī" or "yāo", and the latter is more common in the cases mentioned above.

（3）"二"要读作"èr"，不能读成"liǎng"。

"二" is read as "èr" instead of "liǎng".

（4）相同的数字要分别读出来。例如：

The same numbers should be read separately. E. g. ,

5660322——wǔ liù liù líng sān èr èr

知识 3 Tip 3

介词"给" 教学视频

"我要给你们买三份饺子。"

介词"给"后加名词表示动作行为的对象或者受益者。例如：

The preposition "给" followed by nouns is used to indicate the object or beneficiary of the action. E. g. ,

（1）我给你打电话。

（2）妈妈给我买手机。

知识 **4** **Tip 4**

"一下"

"请说一下。"

"一下" 用在动词后，表示试着做一做或者做一会儿。例如：

"一下" is used after a verb, conveying the meaning of trying to do or doing something for a while. E. g. ,

(1) 你们读一下。

(2) 这个很好吃，你 尝 一下。

(3) 这是什么？请你说一下。

练习 Exercises

1. **连线**。Matching.

wǎn'ān	栋
céng	楼
hàomǎ	晚安
fángjiān	层
lóu	住
diànhuà	找
zhù	房间
dòng	电话
zhǎo	号码

2. **组词**。Make words.

后（　　）　问（　　）　客（　　）　电（　　）

号（　　）　房（　　）　安（　　）　路（　　）

找（　　）　我（　　）　谁（　　）　住（　　）

那（　　）　哪（　　）　说（　　）　花（　　）

3. 选词填空。Choose the right words to fill in the blanks.

用一下 写一下 等一下（děng） 吃一下

接一下（jiē） 找一下（kàn看） 看一下 说一下

(1) 老师没有来，请你们（   ）。

(2) 我想（   ）这本书，可以吗？

(3) 你（   ）这个汉字吧。

(4) 这个包子很好吃，你（   ）。

(5) 我可以（   ）你的笔吗？

(6) 请（   ）你的电话号码。

(7) 后天爸爸来广州，我要去机场（   ）他。

(8) A：你的书在哪儿？

   B：不知道，我要（   ）。

4. 根据回答提问。Ask questions according to the answers.

(1) _____？

   我住北京路。

(2) _____？

   我的电话号码是631＊＊＊＊＊＊＊＊＊。

(3) _____？

   我住20栋。

(4) _____？

   我住8层。

（5）_____？

我找王老师。

（6）_____？

我去广州。

（7）_____？

苹果一斤 10 块。

（8）_____？

huǒchē　Běijīng
我坐 火车 去 北京 。

（9）_____？

我家有五口人。

（10）_____？

这是钱包。

（11）_____？

我们的老师很好。

（12）_____？

我没有姐姐。

（13）_____？

坐地铁去。

（14）_____？

一直走，到路口往右拐，银行在左边。

5. 说一说：时间都去哪儿了？Discussion：Where did all the time go？

说说这些时间里你在做什么，并记下来。不会的词语请查字典。

Talk about what you have done during the following periods and write it down. You can look up new words in the dictionary.

shíjiānbiǎo 时间表				
qiántiān 前天	zuótiān 昨天	jīntiān 今天	míngtiān 明天	hòutiān 后天
qiánnián 前年	qùnián 去年	jīnnián 今年	míngnián 明年	hòunián 后年
shàng xīngqī 上　星期	xià xīngqī 下　星期	shàng gè yuè 上　个　月	xià gè yuè 下　个　月	shàngwǔ 上午
xiàwǔ 下午	wǎnshang 晚上			

今天我 _____

_____

_____

_____

6. 改错句。Correct the sentences.

（1）你的电话号码是几？

_____

wàibian
（2）他住也学校 外边 。

_____

（3）我做客朋友家。

_____

（4）你住几楼层？

_____

（5）你有几钱？

_____

（6）你有不有中文书？

_____

（7）你吃包子呢？

_____

（8）你家有几个口人？

_____

（9）我打电话妈妈。

_____

7. 我是侦察兵。 Game：I am a scout.

每个同学都在纸上写下以下信息：住哪儿，楼层，房间号，电话号码，写好后交给老师。老师把同学们的纸打乱顺序，每个同学再抽一张。同学们根据纸上的信息，在全班展开大调查，找出信息对应的同学。调查时用上"你住哪儿？""你住哪一层？"等疑问句。

Every student writes down one's address (including floor and apartment number) and phone number on a piece of paper. The teacher collects those slips of paper, mixes them and asks each student to randomly pick one. According to the information written, students should try to find out the corresponding author by interviewing each other with questions like "Where do you live?" or "Which floor do you live on?"

8. 回答问题。 Answer questions.

（1）你住哪儿?

_____

（2）你住哪栋楼?

_____

（3）你住哪层?

_____

（4）你的电话号码是多少?

_____

（5）我请你去我家做客，可以吗?

_____

9. 我是客人。 Game：I am a guest.

请以小组形式完成任务。小组成员需要去一位同学家做客，请画出路线和目的地，并用录像形式跟踪拍摄报道，然后在班级进行汇报。

Please work in groups to complete the task of visiting one of your classmate's home. Please draw a map, marking the route and destination, and keep recording video during the process. Then make a presentation in class.

10. 选择正确的电话号码。 Select the correct phone number.

（1） （ ）	A Fire 119
（2） （ ）	B Traffic accidents 122
（3） （ ）	C First aid 120
（4） （ ）	D Police 110

第十课　你有微信吗
Do you have WeChat

下面这些你有吗？Do you have any of these Apps?

生词 New words

1	学生	xuéshēng	名	student
2	刚	gāng	副/形	just now；hard
3	这里	zhèlǐ	代	here
4	学习	xuéxí	动	to study，to learn
5	所以	suǒyǐ	连	so

6	加	jiā	动	to add
7	以后	yǐhòu	名	after，later
8	常	cháng	副	often，usually
9	联系	liánxì	动	to contact
10	扫	sǎo	动	to scan；to sweep
11	二维码*	èrwéimǎ	名	QR code
12	班	bān	名	class
13	新	xīn	形	new
14	还	hái	副	still
15	下载	xiàzài	动	to download
16	语音	yǔyīn	名	voice
17	视频*	shìpín	名	video
18	聊天*	liáotiān	动	to chat
19	都	dōu	副	all
20	方便	fāngbiàn	形	convenient
21	申请	shēnqǐng	动	to apply for

专名 Proper nouns

1	米娜	Mǐnà		Mina（name）
2	埃及	Āijí		Egypt
3	德国	Déguó		Germany
4	安娜	Ānnà		Anna（name）
5	英国	Yīngguó		the United Kingdom

课文 Text

课文 ❶ Text 1

Mǐnà : Nǐ hǎo! Wǒ jiào Mǐnà, shì Āijí xuéshēng, nǐ shì nǎ guó rén?
米娜：你 好！我 叫 米娜，是 埃及 学生，你 是 哪 国 人？

Àiwén : Nǐ hǎo! Wǒ jiào Àiwén, shì Déguó rén。
艾文：你 好！我 叫 艾文，是 德国 人。

Mǐnà : Hěn gāoxìng rènshi nǐ!
米娜：很 高兴 认识 你！

Àiwén : Wǒ yě shì。Nǐ gāng lái zhèlǐ xuéxí ma?
艾文：我 也 是。你 刚 来 这里 学习 吗？

Mǐnà : Shì de, wǒ gāng lái zhèlǐ, suǒyǐ méiyǒu hěn duō péngyou。
米娜：是 的，我 刚 来 这里，所以 没有 很 多 朋友。

Àiwén : Nǐ jiā wǒ de wēixìn ba, wǒmen yǐhòu kěyǐ cháng liánxì。
艾文：你 加 我 的 微信 吧，我们 以后 可以 常 联系。

Mǐnà : Hǎo, wǒ sǎo yíxià nǐ de èrwéimǎ ba。
米娜：好，我 扫 一下 你 的 二维码 吧。

课文 ❷ Text 2

Mǐyà : Ālǐ, zhè shì wǒmen bān de xīn tóngxué Ānnà。Tā shì Yīngguó rén。
米亚：阿里，这 是 我们 班 的 新 同学 安娜。她 是 英国 人。

Ālǐ : Rènshi nǐ hěn gāoxìng。
阿里：认识 你 很 高兴。

Ānnà : Rènshi nǐ wǒ yě hěn gāoxìng。
安娜：认识 你 我 也 很 高兴。

Ālǐ : Nǐ yǒu wēixìn ma?
阿里：你 有 微信 吗？

Ānnà : Wǒ gāng lái Zhōngguó, hái méiyǒu。
安娜：我 刚 来 中国，还 没有。

Ālǐ : Nǐ kěyǐ xiàzài yí gè, yǔyīn、shìpín liáotiān dōu hěn fāngbiàn。
阿里：你 可以 下载 一个，语音、视频 聊天 都 很 方便。

Mǐyà: Hái kěyǐ wēixìn zhīfù。Wǒmen dōu yǒu wēixìn。
米亚：还 可以 微信 支付。我们 都 有 微信。

Ānnà: Hǎo de, wǒ xiànzài xiàzài, zài yòng shǒujī hào shēnqǐng。
安娜：好的， 我 现在 下载，再 用 手机 号 申请。

Mǐyà: Nà wǒmen yǐhòu wēixìn liánxì。
米亚：那 我们 以后 微信 联系。

语言知识 Language guidelines

知识 ❶ Tip 1

"刚"

"你刚来这里学习吗？"

刚：表示动作、行为或情况发生在不久之前。例如：

"刚" is used to modify action, behavior or condition happening in the immediate past. E. g.,

(1) 他刚来中国，什么都不知道。

(2) 我刚学中文，很多还不会说。

(3) 他刚知道这件事^{shì}。

知识 ❷ Tip 2

"所以"

"我刚来这里，所以没有很多朋友。"

所以：连词。表示因果关系。例如：

"所以" is a conjunction to express result. E. g.,

（1）他身体不好，所以今天没来上课。

（2）我刚来中国，所以还没有微信。

（3）他是中国人，所以他的中文很好。

（4）我很忙，所以没有时间见朋友。

知识❸ Tip 3

"还₁"

"还没有微信"

还：表示动作或状态持续不变；仍然。例如：

"还" indicates that the action or state continues unchanged. E. g. ,

（1）我还没吃饭。

（2）我们还在学习第十课。

（3）老师说了三次，他还不知道。
（cì）

（4）广州很好，我还想去。

知识❹ Tip 4 教学视频

"有"字句

The "有" sentence

1. 表达所有

The "有" sentence expresses possessions.

A. 肯定式：A + 有 + B

The affirmative form：A + 有 + B

B. 否定式：A + 没 + 有 + B

The negative form：A + 没 + 有 + B

C. 正反疑问句形式：A + 有没有 + B?

The affirmative-negative form：A + 有没有 + B?

例如：

E. g. ,

（1） 她有书。

（2） 我没有钱。

（3） 你有没有钱?

2. 表达存在

The "有" sentence expresses a state of existence.

例如：

E. g. ,

（1） 这儿有一个学校。

（2） 楼下有一个饭店。

知识 **5** **Tip 5**

副词 "都"

The adverb "都"

副词 "都" 放在动词或形容词前，在句中作状语。

The adverb "都" is placed before verbs or adjectives and functions as an adverbial.

A. 肯定式：都 + verb/adjective

The affirmative form：都 + verb/adjective

B. 否定式 1：都 + 不 + verb/adjective ［表示全部否定］

The negative form 1：都 + 不 + verb/adjective（expresses total negation）

C. 否定式 2：不 + 都 + verb/adjective ［表示部分否定］

The negative form 2：不 + 都 + verb/adjective（expresses partial negation）

例如：

E. g.，

（1）爸爸有微信，妈妈也有微信，我们都有微信。

（2）爸爸很忙，妈妈也很忙，我们都很忙。

（3）阿里不是中国人，米亚也不是中国人，他们都不是中国人。

（4）姐姐住在中国，妹妹住在法国，她们不都住在中国。

练习 Exercises

1. 说一说，写一写。Say and write.

（1）＿＿＿＿＿＿＿＿　　（2）＿＿＿＿＿＿＿＿　　（3）＿＿＿＿＿＿＿＿

(4) _____   (5) _____   (6) _____

(7) _____   (8) _____   (9) _____

2. 问题接龙："你有……吗？""我有/我还没有。" Solitaire："你有……吗？""我有/我还没有。"

xiāngshuǐ 香水	dǎhuǒjī 打火机	xuéshēng kǎ 学生　卡	gōngjiāo kǎ 公交　卡

ěrjī 耳机	gǒu 狗	māo 猫	qìchē 汽车

还有：

3. 看图写句子。Make sentences according to the pictures.

（方便）

（1）_____

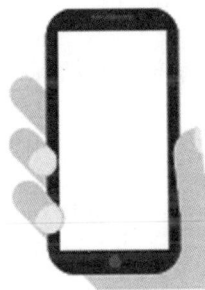

（新）

（2）_____

(3) _____

yīnwèi
（因为……，所以……）

(4) _____

（没有）

4. 用"都不"或"不都"填空。Fill in the blanks with "**都不**" or "**不都**".

（1）他是中国人，我是美国人，我们（　　　　）是法国人。

hóng　　　hēi　tā　　　　bái
（2）这是 红 笔，那是黑笔，它们（　　　　）是白笔。

Yīngyǔ
（3）他说 英语 ，我说法语，我们（　　　　）说法语。

（4）爸爸是老师，妈妈是医生，他们（　　　　）是老师。

（5）我住3楼，他住5楼，我们（　　　　）住8楼。

（6）哥哥吃包子，弟弟吃米饭，他们（　　　　）吃饺子。

（7）我喝可乐，他喝咖啡，我们（　　　　）喝咖啡。

5. 完成对话。Complete the dialogues.

（一）

玛丽：你（1）_____支付宝吗？

小美：我（2）_____来中国，还没有。

玛丽：你可以用手机号（3）_____一个，买东西很（4）_____。

小美：好的，我现在（5）_____。

（二）

A：你们好！我是新学生。

B/C/D：你好！我们也是新学生，（1）_____来这里学习。

A：可以（2）_____微信吗？

B：好，我（3）_____一下你的二维码吧。

C：以后可以常微信（4）_____。

6. 做词卡。Make a word card.

每个学生负责一个本课的生词，做一张词卡。例如：

新 xīn

这是我的新学校。

听句子，举词卡。

（1）老师根据本课课文提前准备一些句子。

（2）收集学生做好的词卡，随机发给同学们。

（3）让每个同学依次举起手中的词卡，做词卡的同学带读一遍词卡上的词语。

（4）老师说一个句子，如果该句中出现了词卡上的词语，学生则要举起词卡。举错的同学则要复述一遍老师的句子。

Listen to the sentences and raise the word cards.

（1）The teacher prepares some sentences in advance according to the text in this lesson.

（2）The teacher collects the word cards made by the students and distributes them to the students at random.

（3）The teacher asks each student to raise the word card in turn, and the word card maker reads the word on the card.

（4）The teacher reads a sentence, and if the word on the word card appears in the sentence, the student should raise the word card. Students who make mistakes should repeat the sentence.

7. 介绍一个你觉得好用的 App 或者其他东西。 Introduce a useful App or anything else.

第十一课　在咖啡店

In a coffee shop

![run icon] **课前热身 Warming up**

你在咖啡店常常做什么？常常喝什么饮料？吃什么蛋糕？What do you usually do in coffee shops？What drinks do you usually drink？What kind of cake do you eat？

生词 New words

1	杯	bēi	名	cup
2	拿铁*	nátiě		latte
3	小	xiǎo	形	small，little

4	中	zhōng	名	middle
5	还是	háishi	连	or（in a interrogative sentence）
6	大	dà	形	big
7	热	rè	形	hot
8	冰	bīng	名	ice
9	带	dài	动/名	to take with，to carry about；band，belt
10	这儿	zhèr	代	here
11	甜品	tiánpǐn	名	dessert
12	今天	jīntiān	名	today
13	打折	dǎzhé	动	to give a discount，to sell at a discount
14	支付宝*	zhīfùbǎo	名	Alipay
15	小票	xiǎopiào	名	receipt
16	菜单	càidān	名	menu
17	看	kàn	动	to watch，to look，to see
18	草莓*	cǎoméi	名	strawberry
19	芝士*	zhīshì		cheese
20	蛋糕	dàngāo	名	cake
21	一样	yíyàng	形	the same，alike
22	安静	ānjìng	形	quiet

专名 Proper nouns

王乐乐　　Wáng Lèle　　　　Wang Lele（a Chinese name）

课文 Text

课文 ① Text 1

fúwùyuán：Nín hǎo, qǐngwèn yào hē diǎnr shénme?
服务员：您 好， 请问 要 喝点儿 什么？

Lín Yī：Yì bēi nátiě。
林 一：一 杯 拿铁。

fúwùyuán：Yào xiǎo bēi、zhōng bēi háishi dà bēi?
服务员：要 小 杯、中 杯还是 大 杯？

Lín Yī：Zhōng bēi。
林 一： 中 杯。

fúwùyuán：Rè de háishi bīng de?
服务员：热 的 还是 冰 的？

Lín Yī：Bīng de。
林 一： 冰 的。

fúwùyuán：Nín yào dài zǒu háishi zài zhèr hē?
服务员：您 要 带 走 还是 在 这儿 喝？

Lín Yī：Zài zhèr hē。
林 一：在 这儿 喝。

fúwùyuán：Yào tiánpǐn ma? Jīntiān dǎ jiǔ zhé。
服务员：要 甜品 吗？今天 打 九 折。

Lín Yī：Búyòng, xièxie。
林 一：不用， 谢谢。

fúwùyuán：Yígòng shí bā kuài。Wēixìn háishi zhīfùbǎo?
服务员：一共 十 八 块。 微信 还是 支付宝？

Lín Yī：Zhīfùbǎo ba!
林 一：支付宝 吧！

fúwùyuán：Zhè shì nín de xiǎopiào。
服务员：这 是 您的 小票。

Lín Yī：Hǎo de, xièxie。
林 一：好 的，谢谢。

课文 ❷ Text 2

Lín Yī：Zhè jiā diàn de kāfēi hé tiánpǐn tǐng hǎo de。Nǐ xiǎng yào
林 一：这 家 店 的 咖啡 和 甜品 挺 好 的。你 想 要

diǎnr shénme？ Zhèr yǒu càidān。
点儿 什么？ 这儿 有 菜单。

Wáng Lèle：Wǒ kàn yíxià …… Fúwùyuán, qǐng lái yíxià。
王 乐乐：我 看 一下 …… 服务员， 请 来 一下。

fúwùyuán：Qǐngwèn nín yào diǎn shénme？
服务员 ： 请问 您 要 点 什么？

Wáng Lèle：Wǒ yào yì bēi rè nátiě, zhōng bēi de, zài yào yí fèn
王 乐乐：我 要 一 杯 热 拿铁， 中 杯 的， 再 要 一 份

cǎoméi zhīshì dàngāo。
草莓 芝士 蛋糕。

Lín Yī：Wǒ hé tā yíyàng。
林 一：我 和 她 一样。

fúwùyuán：Hǎo de。
服务员 ： 好 的。

Wáng Lèle：Zhè jiā kāfēi diàn zhēn piàoliang a！
王 乐乐：这 家 咖啡 店 真 漂亮 啊！

Lín Yī：Shì de, yě hěn ānjìng。
林 一：是 的，也 很 安静。

语言知识 Language guidelines

知识 ❶ Tip 1

教学视频

选择疑问句 "……还是……？"

Alternative question："…or…？"

"要小杯、中杯还是大杯？"

答案有两种及以上可能性时用选择疑问句。例如：

If there are two or more possible answers, we use alternative questions. E. g. ,

（1）你是中国人还是美国人？

（2）请问您喝咖啡还是茶？

（3）你喜欢她还是我？

知识❷ Tip 2

副词"再"

The adverb "再"

"再要一份草莓芝士蛋糕"

副词"再"放在动词前边作状语，表示动作或情况的重复或继续。但是多用于未实现的或经常性的动作。例如：

The adverb "再" is used before verbs as an adverbial, to indicate the repetition or continuity of an act or a state of affairs. But it is usually used to modify an act not happening yet or frequent actions. E. g. ,

（1）我今天 早上 喝了一杯牛奶，晚上再喝一杯。
　　　　zǎoshang　　　niúnǎi

（2）我想明年再来中国。

（3）再坐一会儿吧。
　　　yíhuìr

练习 Exercises

1. 看图写词语。 Write the words according to the pictures.

（1）_____

（2）_____

（3）_____

（4）_____

（5）_____

（6）_____

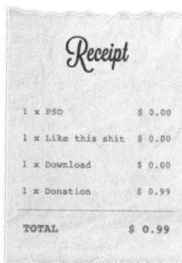

（7）_____

（8）_____

（9）_____

2. 选词填空。 Choose the right words to fill in the blanks.

安静　带走　打折　甜品　一样

（1）A：我要一杯咖啡、一个包子。你呢？

　　　B：我和你_____。

（2）在图书馆要_____。

（3）A：请问，你要_____还是在这里吃？

　　　B：我在这里吃。

（4）A：老板，这个太贵了！

　　　B：好吧，可以便宜点儿，给你_____吧。

（5）这家店的_____很好吃。

3. 用"还是"写问句。 Make interrogative sentences with **"还是"**.

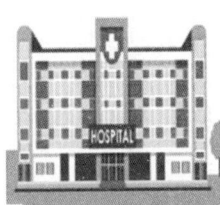 

（1）_____

（2）_____

（3）_____

（4）_____

4. 组句。Rearrange the words to form a sentence.

（1）给 请 一 冰 拿铁 杯 我

_____

（2）甜品 打 八 今天 的 折

_____

（3）很 安静 那 家 咖啡店

_____

（4）再 份 蛋糕 芝士 要 一

_____

（5）挺 家 好 这 饭店 的

_____

（6）热 的 你 要 还是 冰 的

_____

5. 改错句。Correct the sentences.

（1）你要大的还是小的吗？

_____

（2）我买咖啡还是可乐。

_____

（3）我们不一样喝咖啡。

_____

（4）昨天你可以再吃一份蛋糕。

_____

（5）我要一个杯咖啡。

_____

6. 在微信上用拼音输入法输入以下内容，看谁又对又快。Type the following words and sentences with Pinyin input method on WeChat.

热 带 　菜单 打折 刷卡 　安静

冰 带走 点单 现金 吃蛋糕 很安静

请问要喝点儿什么？

你要带走还是在这儿喝？

要甜品吗？今天打九折。

我要中杯的拿铁和一份草莓芝士蛋糕。

这家咖啡店很安静。

7. 玩转饮品世界（可任选一种活动）。Classroom activities.

yǐnliào 饮料	Yīngwén 英文　名字	Zhōngwén 中文　名字
	Espresso	nóngsuō kāfēi 浓缩　咖啡

（续上表）

yǐnliào 饮料	Yīngwén 英文　名字	Zhōngwén 中文　名字
	Cappuccino	kǎbùqínuò 卡布奇诺
	Americano	měi shì kāfēi 美　式　咖啡
	Cafe Mocha	mókǎ 摩卡
	Café Latte	nátiě 拿铁

（续上表）

yǐnliào 饮料	Yīngwén 英文 名字	Zhōngwén 中文 名字
	Macchiato	mǎqíduǒ 玛奇朵
	Caramel Macchiato	jiāo táng mǎqíduǒ 焦 糖 玛奇朵
	Cola	kělè 可乐
	Sprite	xuěbì 雪碧

（续上表）

yǐnliào 饮料	Yīngwén 英文　名字	Zhōngwén 中文　名字
	Tea	chá 茶
	Milk tea	nǎichá 奶茶
	Juice	guǒzhī 果汁
	Yogurt	suānnǎi 酸奶

活动（1）：模仿咖啡厅的服务员和客人点单。

活动（2）：拍卡片。老师准备一些卡片，并将班里的同学分成几个小组，小组内一位同学说卡片上饮料的名字，其他几位同学拍卡片，拍对了，就可以把卡片拿走，看谁拍得又快又多。

活动（3）：四人一组，准备三张卡片。A 同学在两张卡片上分别写上自己喜欢的饮料和甜品，这些卡片可以给其他成员看。在第三张卡片上，A 写上上述两类食物中自己最想吃/喝的一个，将有字的一面朝下放在桌子上。其余三人通过问一些问题，猜测 A 最想吃/喝的是什么，并把卡片抽出。

Activity（1）：Play at being waiters and customers taking an order in a cafe.

Activity（2）：Slap the card. The teacher prepares some cards and divides the class into several groups. One of the students in the group says the name of the drink on the card, and other students slap the card. The first person who slaps the right card can take it, and the one collecting most of the cards wins.

Activity（3）：Three cards are prepared for a group of four. Student A writes his favorite drinks and desserts on two cards, which can be shown to other members. On the third card, student A writes one of the above two types of food that he wants to eat/drink most, and puts the card upside down. The remaining three people guess what student A wants to eat/drink most by asking some questions, and flip the card to check the answer.

参考句式：（1）"是……还是……?"

（2）"你最喜欢的是……吗?"

8. 亲身体验。Experience.

请去咖啡馆买饮料或者甜品，并录音或者录视频记录下来。

Please go to the cafe to buy a drink or dessert and record the process on audio or video.

第十二课　我的爱好
My hobby

课前热身 Warming up

他们在做什么？What are they doing?

生词 New words

1	爱好	àihào	名/动	hobby；to be fond of
2	听	tīng	动	to listen，to hear
3	音乐	yīnyuè	名	music
4	但是	dànshì	连	but，however

5	跳舞*	tiàowǔ	动	to dance
6	唱歌	chàng gē		to sing
7	跑步	pǎobù	动	to run，to jog
8	听说	tīngshuō	动	to hear of
9	喜欢	xǐhuan	动	to like，to be fond of
10	健身	jiànshēn	动	to keep fitness
11	非常	fēicháng	副/形	very；special
12	练习	liànxí	动	to practice, to exercise
13	举	jǔ	动	to lift，to raise
14	哑铃*	yǎlíng	名	dumbbell
15	或者	huòzhě	连	or（in a declarative sentence）
16	拳击*	quánjī	名	boxing
17	健身房	jiànshēnfáng	名	gym，fitness room
18	瑜伽*	yújiā	名	yoga
19	当然	dāngrán	副/形	of course；certain
20	办	bàn	动	to do，to make，to handle
21	张	zhāng	量	piece，sheet（a measure word for paper，drawings，etc.）
22	卡	kǎ	名	card

课文 Text

课文 ❶ Text 1

Wáng Lèle : Wǒ de àihào shì tīng yīnyuè. Nǐmen yǒu shénme àihào ne?
王 乐乐：我 的 爱好 是 听 音乐。你们 有 什么 爱好 呢?

Mǐyà : Wǒ chángcháng tīng yīnyuè, dànshì wǒ de àihào shì tiàowǔ.
米亚：我 常常 听 音乐，但是 我 的 爱好 是 跳舞。

Ālǐ : Wǒ de àihào shì chàng gē.
阿里：我 的 爱好 是 唱 歌。

Lín Yī : Wǒ àihào pǎobù.
林 一：我 爱好 跑步。

课文 ❷ Text 2

Wáng Lèle : Tīngshuō nǐ xǐhuan jiànshēn, shì ma?
王 乐乐： 听说 你 喜欢 健身，是 吗?

Lín Yī : Shì a, fēicháng xǐhuan.
林 一：是 啊, 非常 喜欢。

Wáng Lèle : Nǐ chángcháng liànxí pǎobù háishi jǔ yǎlíng?
王 乐乐：你 常常 练习 跑步 还是 举 哑铃?

Lín Yī : Wǒ liànxí pǎobù huòzhě quánjī.
林 一：我 练习 跑步 或者 拳击。

Wáng Lèle : Jiànshēnfáng yǒu méiyǒu yújiā?
王 乐乐： 健身房 有 没有 瑜伽?

Lín Yī : Dāngrán yǒu a.
林 一： 当然 有 啊。

Wáng Lèle : Tài hǎo le! Wǒ yě bàn yì zhāng jiànshēn kǎ ba!
王 乐乐：太 好 了! 我 也 办 一 张 健身 卡 吧!

语言知识 Language guidelines

知识 ❶ Tip 1

"听说"

"听说你喜欢健身"

听说：听别人说。可以放在句首，也可以放在句中。例如：

"听说" refers to "hear of". It can be put in the beginning of a sentence or in the middle of a sentence. E. g. ,

（1）听说他是法国人。

（2）听王老师说他学习很好。

（3）昨天我听说了这件事。

知识 ❷ Tip 2

教学视频

"或者"

"我练习跑步或者拳击。"

或者：表示选择。用于陈述句。例如：

"或者" is used to introduce possible options. It is used in declarative sentences. E. g. ,

（1）晚上我看书或者看电视^{shì}。

（2）我骑自行车或者走路去学校。

（3）A：你想吃什么？

B：我想吃米饭或者饺子。

练习 Exercises

1. 看图写词语。 Write the words according to the pictures.

（1）（　　　　　）　　（2）（　　　　　）　　（3）（　　　　　）

（4）（　　　　　）　　（5）（　　　　　）　　（6）（　　　　　）

（7）（　　　　　）　　（8）（　　　　　）　　（9）（　　　　　）

2. 用"或者"回答问题。Answer questions with **"或者"**.

例如：A：你喝什么？

B：茶或者咖啡都可以。（茶、咖啡）

（1）A：你吃什么？

B：_____。（米饭、炒面）

（2）A：请问，怎么去北京路？

B：_____。（地铁、公交车）

（3）A：你喜欢做什么？

B：_____。（唱歌、听音乐）

（4）A：明天你去哪儿？

B：_____。（图书馆、银行）

3. 组句。Rearrange the words to form a sentence.

（1）音乐　听说　你　喜欢　听

_____

（2）常常　健身　我　晚上　去

_____

（3）可以　练习　跑步　瑜伽　或者　这儿

_____

（4）健身卡　要　我　一张　也　办

_____

（5）跳舞　爱好　你　唱歌　还是

_____

4. 完成对话。Complete the dialogues.

（一）

A：（1）＿＿＿＿＿＿＿＿＿＿＿＿＿＿＿＿？

B：我爱好（2）＿＿＿＿＿＿＿＿＿＿＿＿＿＿。你呢？

A：（3）＿＿＿＿＿＿＿＿＿＿＿＿＿＿。

（二）

A：你在这儿练习什么？

B：我在这儿（4）＿＿＿＿＿＿＿。你喜欢（5）＿＿＿＿＿＿？

A：喜欢，这儿有没有（6）＿＿＿＿＿＿＿？

B：有啊。

A：太好了！我也要办（7）＿＿＿＿＿＿＿。

5. 改错句。Correct the sentences.

（1）你有没有好朋友吗？

＿＿＿＿＿＿＿＿＿＿＿＿＿＿＿＿＿＿＿

（2）我们不都老师。

＿＿＿＿＿＿＿＿＿＿＿＿＿＿＿＿＿＿＿

（3）我不有健身卡。

＿＿＿＿＿＿＿＿＿＿＿＿＿＿＿＿＿＿＿

（4）你吃米饭或者炒面吗？

＿＿＿＿＿＿＿＿＿＿＿＿＿＿＿＿＿＿＿

（5）所以不认识他，我刚来。

＿＿＿＿＿＿＿＿＿＿＿＿＿＿＿＿＿＿＿

（6）我们都很好人。

---

6. 你比画我猜。Charades.

liàn qìxiè
练 器械

qí dònggǎn dānchē
骑 动感 单车

zuò yǎngwò qǐ zuò（juǎn fù）
做 仰卧 起 坐（卷 腹）

zuò shēn dūn
做 深 蹲

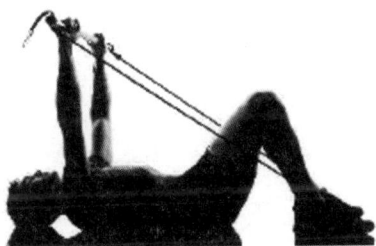

zuò yìng lā
做 硬 拉

zuò fǔwòchēng
做 俯卧撑

　　坐在第一、三、五等单数排的学生转身面向后坐，相对的两个人为一组。老师在黑板上写三个词语，如"做瑜伽、练习拳击、举哑铃"，要求面向黑板的人不能说出其中任何一个字，用间接提示的办法使背朝黑板的人猜出来，猜完一个马上做下一个，看哪个组猜得又对又快。三个词以后，可以交换座位，再猜另外三个词。

　　The students of odd-numbered rows turn around and team up with those of even-numbered rows.　Three words or phrases would then be written on the blackboard，such as "做瑜伽、练习拳击、举哑铃". The one facing the blackboard should convey general information without mentioning the exact words，and the other needs to guess the answer through the hints. The team figuring out all the answers the fastest wins. When this round ends，students can exchange seats and start a new round.

7. 小调查。Investigation.

问一下，你的朋友或同学有什么爱好？喜欢什么运动？常常什么时候去运动？

Ask your friends or classmates：What hobbies do you have？ What kind of sports do you like？ When do you often work out？

参考对话：

A：你有什么爱好？

B：我的爱好是……

A：你什么时间去？

B：我……

谁	爱好	喜欢的 运动 yùndòng	时间
乐乐	唱歌、看书	跑步	下午四点

8. 我是健身教练。Game：I am a gym coach.

课堂活动：假设你是健身教练，你要向你的同学推销健身项目。分小组进行，看哪个组的顾客多。

Classroom activity：If you are a gym coach，you have to sell gym program to your classmates. Work in groups，and the one attracting the most customers wins.

第十三课　周末打算做什么
What are you going to do at weekends

你周末常常做什么？ What do you often do at weekends?

生词 New words

1	周末	zhōumò	名	weekend
2	打算	dǎsuàn	动	to intend，to plan
3	打	dǎ	动	to play
4	网球	wǎngqiú	名	tennis ball
5	足球	zúqiú	名	football，soccer

6	比赛	bǐsài	名/动	match，competition；to contest
7	队	duì	名	team
8	支持	zhīchí	动	to support，to sustain
9	想	xiǎng	动	to think；to want；to miss
10	宿舍	sùshè	名	dormitory
11	电影	diànyǐng	名	film
12	玩	wán	动	to play
13	游戏*	yóuxì	名/动	game；to play
14	身体	shēntǐ	名	body；health
15	跟	gēn	介/动	with；to follow
16	好玩儿	hǎowánr	形	interesting，fun
17	骑	qí	动	to ride
18	自行车	zìxíngchē	名	bicycle
19	钓鱼	diàoyú	动	to go fishing

专名 Proper nouns

| 1 | 西班牙 | Xībānyá | | Spain |
| 2 | 大夫山 | Dàfū Shān | | Dafu Mountain |

课文 Text

课文 ① Text 1

Ālǐ： Zhōumò nǐ dǎsuàn zuò shénme?

阿里：周末　你　打算　做　什么？

Mǐyà：Wǒ dǎsuàn qù dǎ wǎngqiú, nǐ ne?
米亚：我 打算 去 打 网球，你 呢？

Ālǐ ：Wǒ yào qù kàn zúqiú bǐsài。
阿里：我 要 去 看 足球 比赛。

Mǐyà：Nǎ liǎng gè duì bǐsài?
米亚：哪 两 个 队 比赛？

Ālǐ ：Fǎguó duì hé Xībānyá duì。
阿里：法国 队 和 西班牙 队。

Mǐyà：Nǐ zhīchí nǎ gè duì?
米亚：你 支持 哪个 队？

Ālǐ ：Wǒ zhīchí Xībānyá duì。
阿里：我 支持 西班牙 队。

课文 ② Text 2

Àiwén：Zhège zhōumò wǒ xiǎng qù Dàfū Shān, nǐ qù bu qù?
艾文：这个 周末 我 想 去 大夫 山，你 去 不 去？

Lín Yī：Bú qù。Wǒ yào zài sùshè kàn diànyǐng hé wán yóuxì。
林 一：不去。我 要 在 宿舍 看 电影 和 玩 游戏。

Àiwén：Wán yóuxì duì shēntǐ bù hǎo。Gēn wǒmen yìqǐ qù wánr ba。
艾文：玩 游戏 对 身体 不 好。 跟 我们 一起 去 玩儿 吧。

Lín Yī：Yǒu shénme hǎowánr de?
林 一：有 什么 好玩儿 的？

Àiwén：Kěyǐ qí zìxíngchē, yě kěyǐ diàoyú、shāokǎo。
艾文：可以 骑 自行车， 也 可以 钓鱼、 烧烤。

Lín Yī：Hǎo ba。Wǒ gēn nǐmen qù。
林 一：好吧。我 跟 你们 去。

语言知识 Language guidelines

知识 ① Tip 1

教学视频

正反问

Affirmative-negative questions

"你去不去"

把谓语主要成分的肯定式与否定式并列起来提问，即构成正反问句。

An affirmative-negative question is the one in which the affirmative and negative forms of the main element of the predicate are paralleled.

A. 动词 + 不 + 动词？ ＝动词 + 吗？ ＝动词…… + 不 + 动词？

verb 不 verb ＝ verb + 吗？ ＝ verb… + 不 + verb？

B. 形容词 + 不 + 形容词？ ＝形容词 + 吗？

adjective 不 adjective？ ＝ adjective + 吗？

例如：

E. g. ,

(1) 你吃不吃饺子？ ＝ 你吃饺子吗？ ＝你吃饺子不吃？

(2) 你喝不喝咖啡？ ＝你喝咖啡吗？ ＝你喝咖啡不喝？

(3) 苹果大不大？ ＝苹果大吗？

(4) 天气热不热？ ＝天气热吗？
　　　　qì

知识 **2** Tip 2

"的"字短语

"的-phrase"

"有什么好玩儿的?"

"的"字短语是由"的"附在名词、代词、形容词、动词等实词或词组后组成的,其作用相当于名词,可以充当名词能充当的句子成分。例如:

"的-phrase" is formed by attaching the particle "的" to a noun, pronoun, adjective, verb or phrase. Its grammatical functions are equal to those of nouns. E. g. ,

(1) 这是我爸爸的书,那是我妈妈的。

(2) 大的十块一斤。

(3) 有什么好看的!

练习 Exercises

1. 看图写词语。 Write the words according to the pictures.

(   )   (   )   (   )   (   )

(　　　　)　(　　　　)　(　　　　)　(　　　　)

2. 选词填空。Choose the right words to fill in the blanks.

支持　打算　比赛　玩　钓鱼　跟　骑

(1) 今天我 (　　　　) 朋友去喝咖啡。

(2) 学校有网球 (　　　　)，你去看吗？

(3) 他爱 (　　　　) 马。

(4) 我们 (　　　　) 她做班长 (zhǎng)。

(5) 爸爸周末去 (　　　　)。

(6) 他 (　　　　) 后天回国。

(7) (　　　　) 手机对 眼睛 (yǎnjing) 不好。

3. 按要求改写下列句子。Rewrite the sentences with "V. 不 V." or "Adj. 不 Adj.".

例：你去银行吗？

　　<u>你去不去银行？</u>

(1) 你吃炒饭吗？

_____

▶ 183

（2）你买本子吗？

_____

（3）你要茶吗？

_____

（4）你喝可乐吗？

_____

（5）她漂亮吗？

_____

（6）你饿吗？

_____

（7）手机贵吗？

_____

（8）你的老师年轻吗？

_____

4. 把下列句子改成"的"字短语省略形式。Rewrite the sentences with "**的**-phrase".

例：这是我的书。

　　<u>这本书是我的。</u>

（1）这是我的可乐。

_____

（2）这是红书包。

_____

（3）这是妈妈做的包子。

_____

（4）那是朋友的网球。

_____

　　　　　jiù
（5）那是旧手机。

_____

（6）这是老师的钱包。

_____

5. 组句。Rearrange the words to form a sentence.

（1）姐姐　周末　什么　打算　做　你的

_____

（2）队　支持　我　不　他们的　足球

_____

（3）宿舍　在　玩　要　我　游戏

_____

（4）可以　看书　网球　打　可以　也　你

_____

（5）身体　喝　酒　很多　对　不好

_____

（6）我　跟　看　去　比赛　要　朋友

_____

6. 改错句。Correct the sentences.

（1）我跟妈妈去一起打网球。

_____

（2）喝很多酒不对身体好。

_____

（3）他玩游戏在宿舍。

_____

（4）你可以吃包子，可以也吃米饭。

_____

（5）我支持跟他一起西班牙队。

_____

（6）你去不去学校吗？

_____

（7）我去银行跟朋友一起。

_____

7. 连线。听老师读，找出下列食物的拼音。 Listen to the teacher and do the matching.

| 香肠 | 鸡翅 | 茄子 | 韭菜 |

| qiézi | jiǔcài | jī chì | xiāngcháng |

| 生蚝 | 面包 | 羊肉 | 玉米 |

| yùmǐ | yáng ròu | shēng háo | miànbāo |

8. 与同学讨论"我的周末安排"，并将他们的周末安排写下来。

Please discuss with your classmates about your plan for weekend and write down their plans.

参考对话：

A：这个周末你打算做什么？

B：我打算……

名字	星期六	星期日

参考词语：

pá shān
爬　山

kàn shū
看　书

chàng gē
唱　歌

yùndòng
运动

jùhuì
聚会

kàn diànyǐng
看　电影

9. 我的地盘我作主：从 A、B、C 三个方案中选择一个完成。

Choose one topic to do.

A. 周末你的一个朋友从外地来看你，你打算带他/她去哪里玩儿？

B. 周末出去玩，并拍视频和照片，下次上课时介绍给大家。

C. 找三个适合周末去玩的地方（包括怎么去、有什么好玩儿的）。

A. One of your friends comes to visit you from the other place at the weekend, where are you going to show him/her around?

B. Take videos and photos when hanging out at the weekend, and make a presentation to the class next time.

C. Make a list of three best hangouts at the weekend (the list should include the routes to them and specific attractions).

第十四课　我住在北京路

I live in Beijing Road

课前热身 Warming up

你知道它们用中文应该怎么说吗？Do you know their Chinese names?

生词 New words

1	父母	fùmǔ	名	parents
2	那儿	nàr	代	there
3	离	lí	动	to be away from，from
4	远	yuǎn	形	far

5	比较	bǐjiào	副/动	relatively；to compare
6	小时	xiǎoshí	名	hour
7	为什么	wèi shénme		why
8	因为	yīnwèi	连/介	because；on account of
9	空房	kōngfáng	名	empty room
	空	kōng	形/副	vacant，empty；in vain
10	附近	fùjìn	名/形	nearby
11	商店	shāngdiàn	名	shop，store
12	超市	chāoshì	名	supermarket
13	站	zhàn	名/动	station；to stand
14	近	jìn	形	near，close to
15	迟到	chídào	动	to be late
16	堵车	dǔchē	动	traffic jam，traffic congestion
17	从	cóng	介	from（a time，a place，or a point of view）
18	长	cháng	形	long
19	分钟	fēn zhōng		minute

课文 Text

课文 ❶ Text 1

Mǐyà ：Nǐ zhù nǎr?
米亚：你 住 哪儿?

Àiwén：Wǒ gēn fùmǔ yìqǐ zhù zài Běijīng Lù.
艾文：我 跟 父母 一起 住 在 北京 路。

Mǐyà : Nàr   lí xuéxiào yuǎn ma?
米亚：那儿 离 学校　远 吗？

Àiwén : Bǐjiào yuǎn, zuò dìtiě yào bàn gè duō xiǎoshí。
艾文：比较　远，坐 地铁 要 半 个 多　小时。

Mǐyà : Wèi shénme bú zhù zài xuéxiào?
米亚：为　什么　不 住 在　学校？

Àiwén : Yīnwèi sùshè méiyǒu kōngfáng。Běijīng Lù fùjìn yǒu hěn duō
艾文：因为 宿舍 没有　空房。　北京 路附近 有 很 多

shāngdiàn hé chāoshì, lí dìtiě zhàn yě jìn, bǐjiào fāngbiàn。
商店　和 超市，离 地铁 站 也 近，比较　方便。

课文 ❷ Text 2

lǎoshī : Nǐ wèi shénme chídào?
老师：你 为　什么　迟到？

xuéshēng : Duìbuqǐ, lǎoshī, yīnwèi dǔchē。
学生　：对不起，老师，因为　堵车。

lǎoshī : Tīngshuō nǐ zhù zài Běijīng Lù, cóng nǐ jiā dào xuéxiào yào
老师：听说　你 住 在 北京 路，从 你 家 到　学校　要

duō cháng shíjiān?
多　长　时间？

xuéshēng : Dǎchē èr shí duō fēn zhōng。
学生　：打车 二 十 多 分 钟。

lǎoshī : Zhège shíjiān chángcháng dǔchē, nǐ zuò dìtiě ba。
老师：这个 时间　常常　堵车，你 坐 地铁 吧。

xuéshēng : Hǎo ba。
学生　：好 吧。

语言知识 Language guidelines

知识 ① Tip 1

介词 + 处所词

Preposition + location word

介词"离""从""往"都可以和处所词一起放在动词前作状语，表示动作的距离、地点、起点、方向等。

The prepositions "离"，"从"，and "往" can all be used with a location word and placed before verbs to function as adverbials and indicate the distance，location，starting point，direction，etc. of an act.

1. 表示距离："离" + 处所词

Indicating a distance：离 + 处所词（location word）

"那儿离学校远吗？"

例如：

E. g.,

（1）学校离银行很近。

（2）医院离地铁站不远。

教学视频

2. 表示起点："从" + 方位词/处所词/时间词

Indicating the starting point：从 + directional word/location word/temporal word

"从你家到学校"

例如：

E. g.,

Shànghǎi
（1）从北京到　上海

（2）从去年到今年

知识❷　Tip 2

数词 +"多"

"半个多小时"

数词后加上"多"，表示比前边数词所表示的数目多。

When "多" is added after a numeral, it indicates the exact amount is rather more than the stated number.

例如：

E. g. ,

（1）我有三十多块钱。

（2）他们班有二十多个学生。

A. 数 +"多"+ 量 ［+名］

Number + 多 + measure word ［+ noun］

数词为十位以上的整数，且该整数能被 10 整除，"多"表示整位数以下的零数。

When the number it modifies is an integer divisible by ten with more than two digits, "多" is used to indicate the excess amount beyond the least significant digit.

例如：

E. g. ,

（1）三十多块（三十块＜三十多块＜四十块）

（2）二十多岁（二十岁＜二十多岁＜三十岁）

B. 数 + 量 + "多" ［ + 名 ］

Number + measure word + 多 ［ + noun ］

数词为个位数或带个位数的多位数，量词主要是度量词、容器量词、时间量词或"倍"。"多"表示个位数以下的零数。

When the number it modifies only contains one digit or is the one whose the least significant digit falls on the single digit，"多" is used to denote the excess in the decimal places. In this case，the measure words are usually classifiers，quantifiers for containers and time，or "倍".

例如：

E. g.，

（1）三十块多一点（三十块＜三十块多＜三十一块）

（2）二十岁多一点（二十岁＜二十岁多＜二十一岁）

（3）六公斤多（六公斤＜六公斤多＜七公斤）

（4）两米多（两米＜两米多＜三米）

知识❸ Tip 3

"多 + 远/高/大/重/长"

"多长时间"

汉语用"多 + 远/高/大/重/长"询问距离、高度、年龄/面积、重量、长度等。

In Chinese one can use "多 + 远/高/大/重/长" to ask about

distance，height，age/size，weight，length，etc.

例如：

E. g.，

（1）北京离广州有多远？

（2）你哥哥多高？

（3）他多大？

（4）你多 重^{zhòng} ？

（5）这个多长？

🔧 练习 Exercises

1. 听录音，给下列词语排序。 Listen to the recording and rank the following words.

（1）	怎么	堵车	听说	打车	方便	常常	超市	从
		①						
（2）	为什么	宿舍	比较	附近	商店	迟到	因为	分钟

2. 问一问。 Q & A.

随意选择班上一位你想提问的同学，用"为什么"提问，被提问的同学用"因为"回答。

Start a conversation with one of your classmates by asking questions starting with "为什么". The opposite side should give answers with "因为".

A：为什么_____？

B：因为_____。

3. 说一说。Chinese speaking practice.

我住在_____，离中国/……_____，坐_____

要_____（多）个小时。

4. 对话练习。Dialogues practice.

试一试：打开手机上的地图 App，查查你家和学校的位置，并保存图片；或者画出宿舍到教室的路线图。进行对话练习。

Try it：Use the navigation App on your phone to look up the location of your home and school，and take a screenshot；or draw a map from your dorm to your classroom. Make a conversation on this topic.

例如：

E. g.，

A：请问，你家离学校远吗？

B：……

A：从学校怎么去你家？

B：……

A：要多长时间？

B：……

5. 组句。Rearrange the words to form a sentence.

（1）离　远　中国　太　了　美国

_____

（2）二十　要　从　分钟　到　银行　图书馆

_____

（3）多长　要　时间　坐车　学校　你　到

_____

（4）附近　北京路　方便　很

_____

（5）堵车　常常　时间　这里　这个

_____

（6）迟到　为什么　你

_____

6. 改错句。Correct the sentences.

（1）从我家离学校很远。

_____

（2）为什么不去吗？

_____

（3）从银行到商店要二十分。

_____

（4）学校离咖啡店很太近。

_____

（5）去图书馆要多长时间吗？

_____

（6）饭店学校有 200 米。

_____

（7）坐地铁去学校要多二十分钟。

_____

7. 好运游戏：在微信上用骰子玩这个游戏。Game of chance：Play the following game using WeChat's dice emoticon.

补充词语：

qǐdiǎn 起点 start point	zàojù 造句 make a sentence	dú 读 read	kèwén 课文 text
tuì 退 step back	gé 格 grid	tíng 停 stop	huà 画 draw
guǐliǎn 鬼脸 funny face	jìn 进 step forward	huí 回 return	zhōngdiǎn 终点 final point

1 起点	2	3 用"多长"造句	4	5 读课文	6 用"离"造句	7
						8 退1格
14 做鬼脸	13	12 画"堵车"	11	10 停一次，用"附近"造句		9
15	16 进1格	17	18 回起点	19 用"从……到"造句		20 终点

8. 采访。Interview.

采访你的朋友，问问他们常常去的地方，以及需要多长时间，并写下来。

Interview your friends about their hangouts and the time cost in getting there. Write down their answers.

chūfā 出发	dàodá 到达	怎么去	多长时间
宿舍			
学校			
家			

9. 打开手机上的地图软件，给朋友设计出行路线。 Use the navigation App on your phone to design a route for your friend.

例如：

E. g. ,

（1）　　　　　　　　　　　　　　　　（2）

（1）正佳广场离学校不太远，坐 54 路公交车只要二十多分钟。不堵车时，打车只要十分钟。

从学校到正佳广场比较近，坐 54 路公交车只要二十多分钟。不堵车时，打车只要十分钟。

（2）机场离学校比较远，坐地铁和公交车，要一个多小时。

从学校到机场比较远，坐地铁和公交车要一个多小时。

第十五课 可以打折吗

Is there any discount

她们在做什么？买东西的时候要问什么呢？What are they doing? What do you ask when you're shopping?

生词 New words

1	试	shì	动	to try
2	双	shuāng	量/形	(a measure word for shoes, chopsticks, etc.) a pair of; double

3	鞋	xié	名	shoes
4	售货员*	shòuhuòyuán	名	salesperson
5	穿	chuān	动	to wear，to put on
6	码	mǎ	量	size
7	有点儿	yǒudiǎnr	副	a little，some
8	稍	shāo	副	a little，a while
9	等	děng	动/名/量	to wait；rank，grade
10	合适	héshì	形	suitable，fit
11	正在	zhèngzài	副	in process of
12	百	bǎi	数	hundred
13	现金	xiànjīn	名	cash
14	刷卡	shuākǎ	动	to swipe（card）
	刷	shuā	动	to brush；to remove
15	条	tiáo	量	a measure word for trousers，fish，dress，etc.
16	蓝色	lán sè		blue
17	裙子	qúnzi	名	dress，skirt
18	试衣间*	shì yī jiān		dressing room，fitting room
19	大小	dàxiǎo	名	size
20	颜色	yánsè	名	colour
21	深	shēn	形	dark；deep
22	浅	qiǎn	形	light；simple
23	好看	hǎokàn	形	good looking
24	质量	zhìliàng	名	quality

25	特价	tèjià	名	special offer
26	买单	mǎidān	动	to pay bill
27	件	jiàn	量	(a measure word for clothes, etc.) article; piece
28	衣服	yīfu	名	clothes

课文 Text

课文 1 Text 1

米亚 (Mǐyà)：你好，我想试试这双鞋。
Nǐ hǎo, wǒ xiǎng shì shi zhè shuāng xié.

售货员 (shòuhuòyuán)：好的。您穿多大码？
Hǎo de. Nín chuān duō dà mǎ?

米亚 (Mǐyà)：三十八码。
Sān shí bā mǎ.

售货员 (shòuhuòyuán)：您坐这儿试试吧。
Nín zuò zhèr shì shi ba.

米亚 (Mǐyà)：有点儿小，有大一点儿的吗？
Yǒudiǎnr xiǎo, yǒu dà yìdiǎnr de ma?

售货员 (shòuhuòyuán)：有。请稍等。
Yǒu. Qǐng shāo děng.

米亚 (Mǐyà)：这双挺合适的。多少钱？
Zhè shuāng tǐng héshì de. Duōshao qián?

售货员 (shòuhuòyuán)：现在正在打折，二百九十九一双。
Xiànzài zhèngzài dǎzhé, èr bǎi jiǔ shí jiǔ yì shuāng.
现金、刷卡、微信或者支付宝都可以。
Xiànjīn、shuākǎ、wēixìn huòzhě zhīfùbǎo dōu kěyǐ.

米亚 (Mǐyà)：微信吧。
Wēixìn ba.

课文 2 Text 2

Ānnà : Nǐ hǎo, zhè tiáo lán sè qúnzi kěyǐ shì shi ma?
安娜 : 你 好, 这 条 蓝色 裙子 可以 试试 吗?

shòuhuòyuán : Dāngrán kěyǐ, shì yī jiān zài nàr。
售货员 : 当然 可以, 试衣间 在 那儿。

shì chuān yǐhòu
(试 穿 以后)

shòuhuòyuán : Zěnmeyàng?
售货员 : 怎么样?

Ānnà : Dàxiǎo héshì, dànshì yánsè yǒudiǎnr shēn。Yǒu qiǎn
安娜 : 大小 合适, 但是 颜色 有点儿 深。有 浅

yìdiǎnr de ma?
一点儿 的 吗?

shòuhuòyuán : Yǒu qiǎn lán sè de, nín yào shì yi shì ma?
售货员 : 有 浅 蓝色 的, 您 要 试一试 吗?

Ānnà : Hǎo de。
安娜 : 好 的。

shòuhuòyuán : Zhè tiáo qúnzi nín chuān tài hǎokàn le, yánsè、dàxiǎo
售货员 : 这 条 裙子 您 穿 太 好看 了, 颜色、大小

dōu héshì, zhìliàng yě hěn hǎo。
都 合适, 质量 也 很 好。

Ānnà : Duōshao qián?
安娜 : 多少 钱?

shòuhuòyuán : Wǔ bǎi kuài。
售货员 : 五 百 块。

Ānnà : Yǒudiǎnr guì, dǎ bā zhé, xíng ma?
安娜 : 有点儿 贵, 打 八 折, 行 吗?

shòuhuòyuán : Zhè tiáo shì tèjià, bù dǎzhé。
售货员 : 这 条 是 特价, 不 打折。

Ānnà : Hǎo ba。Mǎidān。
安娜 : 好 吧。买单。

shòuhuòyuán : Nà jiàn yīfu yě tǐng hǎokàn de, yào shì shi ma?
售货员　　：那 件 衣服 也 挺 好看 的，要 试 试 吗？

Ānnà : Búyòng, xièxie!
安娜 ： 不用， 谢谢！

语言知识 Language guidelines

知识 ❶ Tip 1

"稍"

"请稍等。"

稍：表示数量不多或者程度不深。多修饰单音节的动词、形容词。

"稍" means not too many or to a small extent. It often modifies monosyllable verbs or adjectives.

例如：

E. g. ,

（1）请稍等。

（2）那双鞋稍大一点儿。

知识 ❷ Tip 2

动词重叠

The reduplication of verbs

"试试"

动词的重叠形式"V. + V."一般用于表达动作时间短、尝试、轻微等意义，重叠的动词要读轻声。这一格式使得说话人的语气显得轻松、客气、随便，一般用于口语。

The reduplicated form "V. + V." is usually used to indicate that the action happens briefly or "a little bit", and the second verb should be pronounced in a neutral tone. Used colloquially, the structure helps create a casual and polite tone.

单音节动词的重叠形式是"AA"或者"A 一 A"。双音节动词的重叠形式是"ABAB"，中间不加"一"。

The reduplication of mono-syllabic verbs is "AA" or "A 一 A"; the one of disyllabic verbs is "ABAB", and "一" can't be inserted in between.

V.	AA	A 一 A	ABAB
看	看看	看一看	
cháng 查	查查	查一查	
学习			学习学习
运动			运动运动

例如：

E. g.,

（1）你查查天气预报。
（yùbào）

（2）你看看明天的天气怎么样？

（3）我去运动运动。

如果动词所表示的动作已经发生或完成，重叠形式为："A + 了 + A" 和 "AB + 了 + AB"。

If the action indicated by the verb has already occurred or been completed，the reduplicated form is "A 了 A" or "AB 了 AB".

V.	A 了 A	AB 了 AB
说	说了说	
cháng 尝	尝了尝	
jiǎnchá 检查		检查了检查
yánjiū 研究		研究了研究

动词 "是" "在" "有" 等，不表示动作，不能重叠使用。

Verbs "是"，"在" and "有" do not denote an action，thus they cannot be reduplicated.

例如：

E. g. ，

（1）这是是你朋友吗？（×）

（2）我在在星巴克。（×）

（3）他有有一本中文书。（×）

知识 ❸ Tip 3

"有点儿""一点儿"

"有浅一点儿的吗?"

"(一) 点儿"作定语,多表示数量少、程度轻。

"(一) 点儿" can be used as an attribute, indicating a small amount or scale.

结构:动词 +(一) 点儿 + 名词。例如:

Structure:verb +(一) 点儿 + noun. E. g. ,

(1) 我吃一点儿米饭。

(2) 他喝一点儿咖啡。

(3) 妈妈说一点儿中文。

"(一) 点儿"用在形容词后边,多表示比较。有"稍微"的意思。

When "(一) 点儿" is used after an adjective, it often implies comparison.

结构:形容词 +(一) 点儿。例如:

Structure:adjective +(一) 点儿. E. g. ,

(1) 我的中文不好,他的中文好一点儿。

(2) 这儿离学校近,北京路离学校远一点儿。

"有 (一) 点儿"用在形容词前,多表达不如意的事情。例如:

"有 (一) 点儿" is used before an adjective expressing that something is undesirable or dissatisfactory. E. g. ,

（1） 这件衣服有点儿贵。

（2） 广州路离学校有点儿远。

（3） 这件有点儿大，那件小一点儿。

知识❹ Tip 4

"在/正在/正" + 动词 + 宾语

"现在正在打折"

动词前边加上副词"在""正在""正"或句尾加"呢"，表示动作的进行。"在""正在"和"正"也可以和"呢"同时使用。例如：

When a verb is preceded by adverbs "在", "正在" or "正", or when the particle "呢" is added at the end of the sentence, it signifies that an act is in progress. "在", "正在" 和 "正" can be used simultaneously with "呢". E. g. ,

（1） 昨天下午3点我在看电视（呢）。

（2） 我正在看电视（呢）。

（3） 他来的 时候（shíhou,） 我正看电视（呢）。

"正"重在表示对应某个时间进行的动作。"在"重在表示动作进行的状态。"正在"兼指对应某时间与动作进行的状态。例如：

"正" emphasizes the fact that an action is in progress, in correspondence with a specific time. "在" emphasizes the state of an act in progress. "正在" emphasizes both. E. g. ,

（1）你打电话的时候，我正睡觉。

（2）我在看书。

（3）老师正在上课。

否定用"没（有）在做……"。例如：

The negative form is "没（有）在做……". E. g. ,

（1）A：你是不是在看电视？

　　　B：我没在看电视，我在做作业呢！

（2）A：你们在玩手机吗？

　　　B：我们没在玩手机呢。

注意：有的动词不能和"在""正在""正"搭配。这些动词是"是、在、有、来、去、认识"等。

Note：Some verbs cannot collocate with "在", "正在" and "正". These verbs are "是、在、有、来、去、认识", etc.

（1）我正在是老师。（×）

（2）我正在在教室里。（×）

（3）我正在有^{hái}孩子。（×）

练习 Exercises

1. 用动词重叠形式写句子。Make sentences with the reduplication of verbs.

（1）看看

_____

（2）听听

_____

（3）说说

_____

（4）试试

_____

（5）吃吃

_____

2. 用 "有点儿" "一点儿" 填空。Fill in the blanks with **"有点儿"** or **"一点儿"**.

（1）这个钱包（   ）大，有没有小（   ）的？

（2）这本书（   ）难，那本容易（   ）。
　　　　　　　　　　nán　　　　róngyì

（3）中文作业（   ）少，可以多（   ）吗？

（4）我的房间（   ）小。

（5）这个（   ）贵，那个便宜（   ）。

（6）这辆自行车（   ）旧，我想要新（   ）的。

3. 看图，用"正在……"写句子。 Make sentences with "正在" according to the pictures.

(1) _____

(2) _____

(3) _____

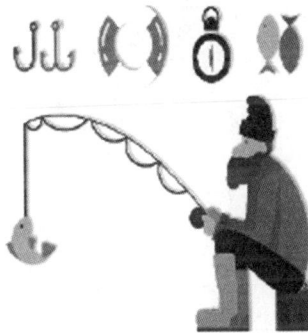

(4) _____

(5) _____

(6) _____

4. 用括号里的生词完成句子。Make sentences with the words in parentheses.

（有点儿）

例：<u>这件衣服有点儿大。</u>

（有点儿）

（1）_____

（一点儿）

（2）_____

（试试）

（3）_____

（打折）

（4）_____

（看）

（买单）

（5）_____   （6）_____

5. 用下面的生词介绍一下这些东西。Please introduce the objects with the following words.

有点儿　一点儿　贵　便宜　质量　颜色　大小　合适

手机	书包	衣服
鞋	裙子	kù 裤子

6. 改错句。Correct the sentences.

（1）我去商店买买衣服。

_____

（2）我正在认识一个漂亮的老师。

_____

（3）他正在听听音乐。

_____

（4）我写写了那个汉字。

_____

（5）这件衣服一点儿小。

_____

（6）这件贵一点儿，可以一点儿便宜吗？

_____

（7）这家商店有打折。

_____

7. 根据课文内容，选词填空。Choose the right words to fill in the blanks according to the text.

有点儿　打折　条　试试　大小　质量

颜色　特价　试衣间　浅色　合适

今天我去商店买衣服，那儿有一（1）_____蓝色的裙子我很喜

欢，我想（2）_____。（3）_____在左边，售货员 让 我进去试
　　　　　　　　　　　　　　　　　　　 ràng jìn

试。我觉得 这条裙子（4）_____还可以，但是（5）_____有点
　 juéde

儿深，我想要（6）_____的。售货员 又 给我一条，我觉得很
　　　　　　　　　　　　　　　　 yòu

（7）_____，（8）_____也非常好，但是要 500 块，（9）_____

贵，我想让她（10）_____，但是她说这条是（11）_____，不

打折。

8. 找颜色游戏。Game of color.

老师说颜色，学生举卡片。或者老师举卡片，学生说颜色。

The teacher names a color and students show the corresponding card，or the other way round.

red	white	yellow	blue	orange
hóngsè 红色	báisè 白色	huángsè 黄色	lán sè 蓝色	chéng sè 橙 色
black	**purple**	**green**	**pink**	**colourful**
hēisè 黑色	zǐ sè 紫 色	lùsè 绿色	fěnhóng sè 粉红 色	cǎisè 彩色

9. 查一查，买一买。Check and practice.

（1）查一查这些怎么说，并把感兴趣的写在下面的框里。

Look up the Chinese names of these items and write down what interests you in the box below.

（2）用这节课学习的生词来练习买东西。

Do shopping role-play exercises using the new words you learned in this lesson.

（1）

（2）

（3）

(4)

(5)

cháng kù （1） 长 裤

（2）

（3）

（4）

（5）

听力文本 Listening scripts

拼音

◆ 练一练

8. 听录音，选择正确的拼音。 Listen and choose the correct Pinyin.

(1) ba　　　(2) dai　　　(3) pao　　　(4) ti

(5) nü　　　(6) lu　　　(7) diao　　　(8) mo

(9) pou　　(10) mou　　(11) le　　　(12) me

(13) guo　　(14) niu　　(15) lao　　　(16) dou

(17) du　　(18) fou　　(19) pu　　　(20) mai

9. 听录音，写拼音。 Listen and write Pinyin.

(1) bao　　　(2) duo　　　(3) dou

(4) piao　　　(5) mei　　　(6) lai

11. 听录音，选择正确的拼音。 Listen and choose the correct Pinyin.

(1) gàn　　　(2) háng　　　(3) tǎn　　　(4) páng

(5) fēi　　　(6) nán　　　(7) tòng　　　(8) yǒu

(9) yǔ　　　(10) fā　　　(11) méng　　　(12) gōng

12. 听唐诗，写声母。Listen to the Tang poem and fill the blanks with correct initials.

鹅

唐·骆宾王

鹅，鹅，鹅，

曲项向天歌。

白毛浮绿水，

红掌拨清波。

14. 听一听，写一写。Listen and fill the blanks with correct initials.

（1）请假　　（2）干净　　（3）请进　　（4）西瓜

（5）坚强　　（6）清洁　　（7）心情　　（8）抢先

（9）小心　　（10）下雪　　（11）取钱　　（12）兴趣

19. 听歌写拼音。Listen to the songs and fill the blanks with correct initials.

（1）祝你生日快乐。

（2）小城故事多，充满喜和乐。若是你到小城来，收获特别多。

（3）少年自有，少年狂。身似山河，挺脊梁。敢将日月，再丈量。今朝唯我，少年郎。敢问天地，试锋芒。披荆斩棘，谁能挡。

◆ **练习**

2. 听录音，把听到的音节填在下面的表格里。Listen and fill the blanks with correct Pinyin.

（1）qiú （2）zhān （3）cù （4）suān

（5）xié （6）duǒ （7）chuán （8）zhǎng

（9）shǎn （10）zhuān （11）jiān （12）qiǎn

（13）xián （14）sǎn （15）cháng （16）dōu

（17）tóu （18）guó （19）kǒu （20）gòu

第八课　现在几点

4. 争分夺秒。Listen and complete the following clocks with hour hands and minute hands.

（1）6点　（2）12点　（3）9点　（4）3点半　（5）6点半

（6）9点半

第十四课　我住在北京路

1. 听录音，给下列词语排序。Listen to the recording and rank the following words.

（1）堵车　超市　怎么　打车　从　方便　听说　常常

（2）附近　分钟　宿舍　迟到　为什么　因为　比较　商店

参考答案 Answers

拼音

◆ 练一练

1.

音节 Syllables	声母 Initials	韵母 Finals	音节 Syllables	声母 Initials	韵母 Finals
peng	p	eng	chun	ch	un
bing	b	ing	tian	t	ian
wen	w	en	xue	x	üe
qi	q	i	diao	d	iao
liu	l	iu	zou	z	ou
zhong	zh	ong	lu	l	u
nan	n	an	shui	sh	ui
hua	h	ua	guan	g	uan

2. （略）

3.（略）

4.

hǎo	dōu	féi	dì
（一、二）	（一、二）	（一、二）	（一、四）
yú	qiú	tuì	pí'ǎo
（一、五、六）	（一、三）	（一、三、四）	（一、四、七）

5.（略）

6.（略）

7.

yī	èr	sān	sì	wǔ
一	二	三	四	五
liù	qī	bā	jiǔ	shí
六	七	八	九	十

8. （1）ba （2）dai （3）pao （4）ti

（5）nü （6）lu （7）diao （8）mo

（9）pou （10）mou （11）le （12）me

（13）guo （14）niu （15）lao （16）dou

（17）du （18）fou （19）pu （20）mai

9.

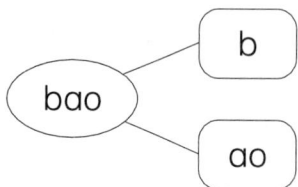

(1)

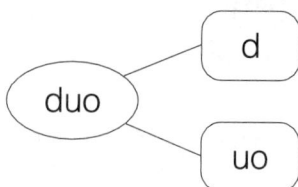

(2)

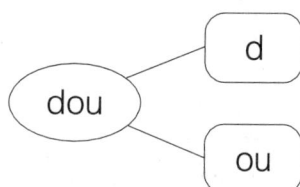

(3)

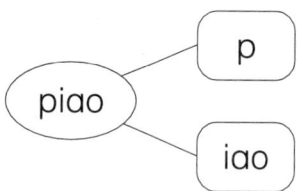

(4)

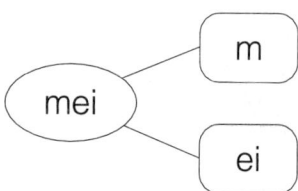

(5)

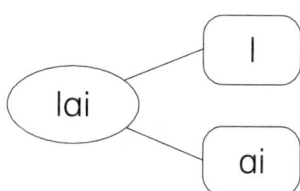

(6)

10. （略）

11. （1）gàn　　（2）háng　　（3）tǎn　　（4）páng

（5）fēi　　（6）nán　　（7）tòng　　（8）yǒu

（9）yǔ　　（10）fā　　（11）méng　　（12）gōng

12.

É

鹅

Táng　Luò Bīnwáng

唐　·　骆　宾王

É, é, é,

鹅，鹅，鹅，

___q___ū xiàng xiàng ___t___iān ___g___ē。

曲　　项　　向　　天　　歌。

__B__ ái ____m__ áo ____f__ ú ___l__ ǜ shuǐ,

白　　毛　　浮　　绿　　水，

___h__ óng zhǎng bō qīng ____b__ ō。

红　　　掌　　拨　　清　　　波。

13.（略）

14.（1）___q__ ǐng ___j__ià　　（2）___g__ ān ___j__ìng

（3）___q__ ǐng ___j__ìn　　（4）___x__ ī ___g__uā

（5）___j__ iān ___q__iáng　　（6）___q__ īng ___j__ié

（7）___x__ īn ___q__íng　　（8）___q__ iǎng ___x__iān

（9）___x__ iǎo ___x__īn　　（10）___x__ià ___x__uě

（11）___q__ ǔ ___q__ián　　（12）___x__ ìng ___q__ù

15.（略）

16.（略）

17.

狮子	zǎoshang
宿舍	shuǐjiǎo
操场	xuéshēng
水饺	shīzi
教室	zhuōzi
桌子	cāochǎng
学生	xǐshǒu
洗手	jiàoshì
早上	sùshè

橙汁	xiǎo chuán
中国	Guǎngzhōu
抽烟	qǐchuáng
广州	sōngshǔ
车站	Zhōngguó
起床	chēzhàn
松鼠	lǎorén
老人	chéng zhī
小船	chōu yān

18.（略）

19.（1）《祝你生日快乐》

　Zhù nǐ 　shēng rì kuàilè。

　祝　你　　　生日　　　快乐。

（2）《小城故事》（作词：庄奴　作曲：翁清溪）

　Xiǎo chéng gùshi duō, 　chōngmǎn xǐ hé lè。

　小　城　　故事　多，　　充满　喜　和乐。

　Ruò shì nǐ dào xiǎo chéng lái,

　若是　　你到　小　城　来，

　shōuhuò tèbié duō。

　收获　　特别　多。

（3）《少年中国说》（作词：梁启超　二水　作曲：许嵩）

Shàonián zì yǒu, shàonián kuáng。

　少年　自有，　少年　　狂。

　Shēn sì shānhé, tǐng jǐliáng。

　身　似　山河，挺　脊梁。

Gǎn jiāng rìyuè, zài zhàngliáng。

　敢　将　日月，　再　　丈量。

Jīn zhāo wéi wǒ, shàonián láng。

　今朝　　唯我，　少年　郎。

Gǎn wèn tiāndì, shì fēngmáng。

　敢　问　天地，试　锋芒。

Pījīng zhǎnjí, shéi néng dǎng。

　披荆　斩棘，谁　能　挡。

20.（略）

21. ban, ben, bei, bang, bai, bu, bao, kan, ken, kei, kang, ke, kui, kou, kuo, kai, ku, kao, zan, zen, zei, zang, ze, zui, zou, zuo, zai, zu, zao, chan, chen, chang, che, chui, chou, chuo, chai, chu, chao, can, cen, cang, ce, cui, cou, cuo, cai, cu, cao, tan, tei, tang, te, tui, tou, tuo, tai, tu, tao, san, sen, sang, se, sui, sou, suo, sai, su, sao, zhan, zhen, zhei, zhang, zhe, zhui, zhou, zhuo, zhai, zhu, zhao

◆ 练习

1.（略）

2.

（1）qiú	（2）zhān	（3）cù	（4）suān	（5）xié
（6）duǒ	（7）chuán	（8）zhǎng	（9）shǎn	（10）zhuān
（11）jiān	（12）qiǎn	（13）xián	（14）sǎn	（15）cháng
（16）dōu	（17）tóu	（18）guó	（19）kǒu	（20）gòu

3.（略）

4.（略）

第一课　你好

1. 好　　什么　　高兴/人　　认识/你好

2. （略）

3.

wǎn'ān ——————————————— 好

hǎo ——————————————— 晚安

nǐ ——————————————————— 你

míngzi ——————————————— 什么

jiào ——————————————— 名字

tā ——————————————————— 他

shénme ——————————————— 叫

4. （1）他叫什么名字？

　（2）你们是哪国人？

　（3）我很高兴。

　（4）我认识你/你认识我。

　（5）你们好！

5. （1）你们好

（2）再见

（3）不客气/不用谢

（4）没关系

6. （略）

7. （1）Lǐ Xiǎolóng

（2）Kǒngzǐ

（3）Táng Sēng/ Táng Sānzàng

（4）Sūn Wùkōng

（5）Zhūgě Liàng

（6）Guān Yǔ/Guān Yúncháng

（7）Wu Zétiān

（8）Lín Dàiyù

8. （略）

9. （略）

第二课　怎么说

1. 同学　　老师　　手机　　说

2.

wǎn'ān	知道
zěnme	漂亮
shéi	晚安
yòng	很
Zhōngwén	不
zhège	中文
hěn	谁
de	怎么
piàoliang	用
zhīdào	这个
bù	的

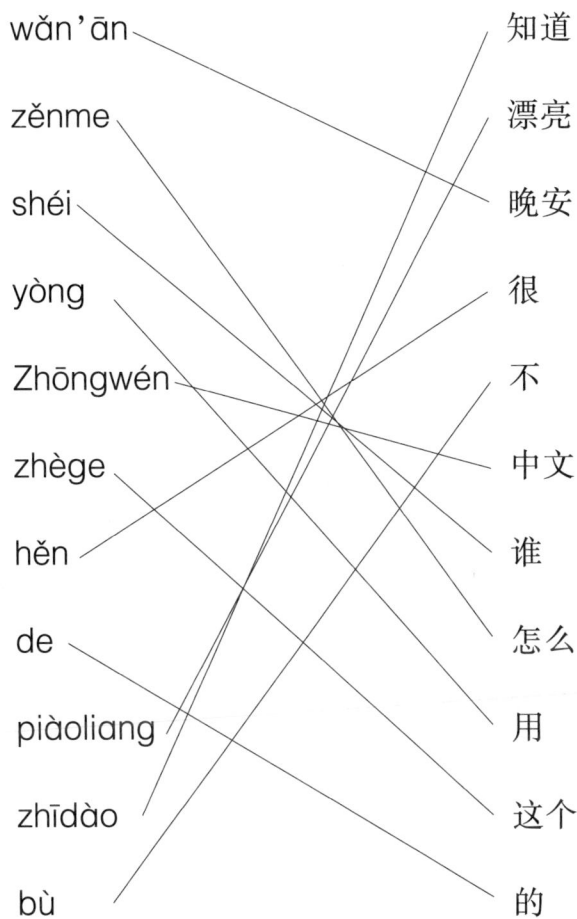

3. （1）C　　（2）C　　（3）D　　（4）A　　（5）C　　（6）D

4. （1）这是我的老师。

　　（2）那是你的同学吗？

　　（3）中文老师很漂亮。

　　（4）这个用中文怎么说？

　　（5）我不知道你的名字。

　　（6）那是老师的手机。

5. （略）

6. （略）

7. （略）

8. （略）

第三课　她是谁

1. （略）

2. （略）

3. 朋友　　真　　挺　　照片
　　介绍　　姐姐　　年轻　　最近

4. （1）手机挺大的。　（2）她挺忙的。　（3）他们挺累的。
　　（4）她挺聪明的。　（5）书挺贵的。

5. （略）

6. （略）

7. （1）这是他的同学吗？
　　（2）你是谁？

（3）这不是我全家的照片。

（4）这位是我的姐姐。/我是这位的姐姐。

（5）好久不见。

8.（略）

9.（略）

第四课　多少钱

1.

wǎn'ān　　　　　　卖

yígòng　　　　　　买

liǎng　　　　　　晚安

zhīfù　　　　　　贵

mǎi　　　　　　便宜

mài　　　　　　多少

guì　　　　　　一共

piányi　　　　　　支付

duōshao　　　　　　给

gěi　　　　　　两

2. 钱　　苹果　　书

3. （1）五毛　　　　　　　（2）九块

　　（3）十块　　　　　　　（4）六十块

　　（5）七块　　　　　　　（6）三块

　　（7）三百块　　　　　　（8）一块三

4. （1）本　　支　　张

　　（2）瓶　　杯　　位/个

　　（3）把　　张　　辆

　　（4）双　　台　　件

5. 十六　　一百一十五　　五千六百零二　　一万七千零一十八
　　三十四万零八　　七百万　　六十八万九千零三　　一千零九

6. （1）卖　　（2）给　　（3）贵　　（4）要　　（5）可以
　　（6）一共　　（7）多少

7. （1）太贵了。

　　（2）便宜一点儿吧。

　　（3）那本书多少钱？

　　（4）可以微信支付吗？

　　（5）我要一本书、两支笔。/我要一支笔、两本书。

　　（6）一共多少钱？

8. （略）

第五课　你吃什么

1.

2. 一份饺子　　　一份包子　　　一碗米饭

一份/碗咖喱鸡　　一份炒面　　　一瓶可乐

一份馒头　　　一碗/份面条　　一份肠粉

一瓶水　　　　一份中餐　　　一份肯德基

3. （略）

4. （略）

5. （答案合理即可，以下供参考）
   （1）鸡蛋
   （2）请问吃点什么/请问，要吃什么
      一份饺子

6. （1）你要吃什么？
   （2）他在食堂吃炒饭。
   （3）我喝一瓶可乐。
   （4）老师不在饭店。
   （5）她要一碗炒面。

7. （略）

8. （1）炒饭　　（2）比萨/比萨饼　　（3）面包　　（4）牛奶
   （5）茶　　（6）咖啡

9. （略）

第六课　你去哪儿

1. 啤酒（　F　）　　　图书馆（　G　）　　　烧烤（　A　）
   做作业（　D　）　　茶（　E　）　　　　汉堡（　B　）
   晚上（　H　）　　　去（　C　）

2. （略）

3. （1）他们来/去图书馆看书。

 他们来/去图书馆学习。

 （2）他们来/去饭店吃饭。

 （3）她们来/去咖啡店喝咖啡。

 （4）他们来/去超市买东西。

4. （1）G　　（2）E　　（3）D　　（4）B　　（5）C

 （6）A　　（7）F

5. （1）晚上你去哪儿？/你晚上去哪儿？

 （2）我们一起去喝一点儿茶吧。

 （3）晚上他们去图书馆做作业。/他们晚上去图书馆做作业。

 （4）我的朋友也不吃烧烤。

 （5）老师不去食堂吗？

6. （1）我在大学学习中文。

 （2）妈妈去饭店吃面条。

 （3）老师喝一点儿水。

 （4）他不太饿。/他不饿。

 （5）苹果太贵了。/苹果很贵。

 （6）老师很漂亮。

 （7）她是很好的学生。/她是好学生。

 （8）我买两瓶可乐。

（9）姐姐买三支笔。

（10）你去哪儿？/你去吗？

7.（答案合理即可，以下供参考）

（1）我去食堂吃饭。

（2）我去图书馆做作业。

（3）不喝。

（4）很好。

（5）我去咖啡店喝咖啡。

（6）我不吃。

8.（略）

9.（答案合理即可，以下供参考）

（1）他去饭店吃饭。

（2）她去商店买水果。

（3）他去银行取钱。

第七课　怎么去

1. 地铁　　　公交车　　　出租车

　　银行　　　路口　　　　坐

　　走　　　　（往）右拐　　直走

2. （略）

3. （1）他们吃饭，她们也吃饭。

（2）她喝水，他也喝水。

（3）她不知道，他也不知道。

（4）他打电话，她也打电话。

（5）她做作业，他也做作业。/她学习，他也学习。

（6）她哭，他也哭。/她不高兴，他也不高兴。

4.

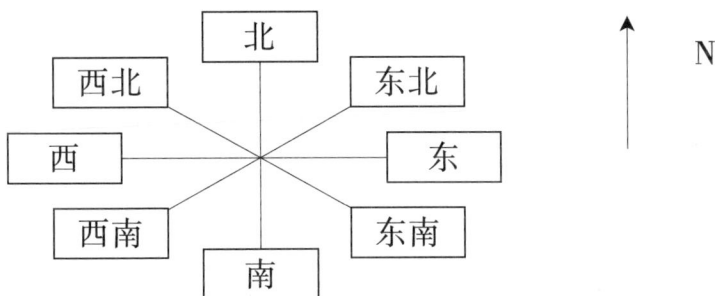

5. （1）在学校可以坐出租车去医院。

（2）在学校可以坐 25 路公交车，再坐地铁 5 号线去医院。

（3）在学校可以坐 32 路公交车去医院。

6. （1）怎么样　　（2）怎么　　（3）怎么

（4）怎么样　　（5）怎么　　（6）怎么样

（7）怎么样　　（8）怎么　　（9）怎么

（10）怎么

7.（1）你知道怎么去食堂吗？/你知道食堂怎么去吗？

（2）请你往左拐。

（3）他们也不是中国人。

（4）我可以坐地铁去银行。/我坐地铁可以去银行。

（5）到路口可以坐公交车。/可以坐公交车到路口。

（6）这儿不是饭店。

8.（略）

9.（略）

10.（略）

11.（略）

第八课 现在几点

1.

2. （略）

3. （1）12点　　　　（2）10点10分　　　　（3）8点22（分）

　　（4）两点　　　　（5）12点20（分）　　　　（6）11点55（分）

　　（7）4点46（分）　　　　（8）9点零8（分）

4. （1）6 点　　　（2）12 点　　　（3）9 点

　　（4）3 点半　　（5）6 点半　　（6）9 点半

5. （1）D　　　（2）D　　　（3）D　　　（4）A　　　（5）B

6. （1）他有几个弟弟

　　（2）妹妹有几本书

　　（3）她吃几个包子

　　（4）你们学校有多少学生

　　（5）你有多少钱

　　（6）你可以喝几瓶可乐

7. （1）不　（2）没　（3）不　（4）没　（5）不　（6）没

8. （1）我们一起去图书馆。

　　（2）他也是中国人。

　　（3）明天我朋友去银行。/我朋友明天去银行。

　　（4）书不贵，本子也不贵。

　　（5）你吃几碗米饭？

　　（6）姐姐可以说中文。

　　（7）现在九点零五分。/现在差五分九点。

　　（8）她也很年轻。

　　（9）我没有钱。

　　（10）现在三点半。

9.（略）

第九课　我去朋友家做客

1.

wǎn'ān	栋
céng	楼
hàomǎ	晚安
fángjiān	层
lóu	住
diànhuà	找
zhù	房间
dòng	电话
zhǎo	号码

2.（答案合理即可，以下供参考）

后（后天）　　问（请问）　　客（客气）　　电（电话）

号（号码）　　房（房间）　　安（安全）　　路（路口）

找（找人）　　我（我们）　　谁（谁家）　　住（住哪儿）

那（那儿）　　哪（哪里）　　说（说中文）　　花（花园）

3. (1) 等一下　　(2) 看一下　　(3) 写一下　　(4) 吃一下

　　(5) 用一下　　(6) 说一下　　(7) 接一下　　(8) 找一下

4. (1) 你住哪儿

　　(2) 你的电话号码是多少

　　(3) 你住几栋/你住哪栋

　　(4) 你住几层/你住哪层

　　(5) 你找谁

　　(6) 你去哪儿

　　(7) 苹果一斤多少钱/一斤苹果多少钱

　　(8) 你怎么去北京

　　(9) 你家有几口人

　　(10) 这是什么

　　(11) 你们的老师怎么样

　　(12) 你有姐姐吗/你有没有姐姐

　　(13) 怎么去学校/学校怎么去

　　(14) 银行怎么走

5. (答案合理即可, 以下供参考)

上午去图书馆, 下午去超市, 晚上去朋友家吃饭。

6. (1) 你的电话号码是多少?

　　(2) 他也住学校外边。

　　(3) 我去朋友家做客。

　　(4) 你住几楼?/你住几层?

（5）你有多少钱？

（6）你有没有中文书？/你有中文书吗？

（7）你吃包子吗？

（8）你家有几口人？/你家有几个人？

（9）我打电话给妈妈。/我给妈妈打电话。

7.（略）

8.（答案合理即可，以下供参考）

（1）我住广州。/我住学校。

（2）我住 A 栋楼。

（3）我住 11 层。

（4）我的电话号码是……

（5）当然可以。

9.（略）

10.（1）C　　（2）D　　（3）B　　（4）A

第十课　你有微信吗

1.（1）下载　　（2）扫码　　（3）联系

（4）聊天　　（5）语音　　（6）视频/视频聊天

（7）微信　　（8）二维码　　（9）学习

2. （略）

3. （答案合理即可，以下供参考）

　　（1）微信很方便。

　　（2）这是新手机。

　　（3）因为生病了，所以她没来学校。

　　（4）我的钱包里没有钱。/我没有钱。

4. （1）都不　　（2）都不　　（3）不都　　（4）不都

　　（5）都不　　（6）都不　　（7）不都

5.

　　（一）

　　（1）有　　（2）刚　　（3）申请　　（4）方便　　（5）申请/下载

　　（二）

　　（1）刚　　（2）加　　（3）扫　　（4）联系

6. （略）

7. （略）

第十一课　在咖啡店

1. （1）咖啡　　　（2）冰　　　　（3）打折

　　（4）安静　　　（5）支付　　　（6）草莓

　　（7）小票　　　（8）菜单　　　（9）蛋糕

2.（1）一样　　　（2）安静　　　　（3）带走

　　（4）打折　　　（5）甜品

3.（答案合理即可，以下供参考）

　　（1）你去医院还是银行？

　　（2）你坐地铁还是出租车？

　　（3）你吃米饭还是面条？

　　（4）你喝可乐还是咖啡？

4.（1）请给我一杯冰拿铁。

　　（2）今天的甜品打八折。

　　（3）那家咖啡店很安静。

　　（4）再要一份芝士蛋糕。

　　（5）这家饭店挺好的。

　　（6）你要热的还是冰的？/你要冰的还是热的？

5.（1）你要大的还是小的？/你要大的吗？/你要小的吗？

　　（2）我买咖啡或者可乐。/你买咖啡还是可乐？

　　（3）我们喝不一样的咖啡。

　　（4）明天你可以再吃一份蛋糕。/你可以再吃一份蛋糕。

　　（5）我要一杯咖啡。

6.（略）

7.（略）

8.（略）

第十二课　我的爱好

1.（1）唱歌　　（2）健身房/健身　　（3）举哑铃

（4）拳击　　（5）做瑜伽/瑜伽　　（6）跳舞

（7）卡　　　（8）听音乐　　　　（9）跑步

2.（1）我吃米饭或者炒面

（2）可以坐地铁或者公交车去

（3）我喜欢唱歌或者听音乐

（4）我去图书馆或者银行

3.（1）听说你喜欢听音乐。

（2）晚上我常常去健身。/我晚上常常去健身。

（3）这儿可以练习跑步或者瑜伽。/这儿可以练习瑜伽或者跑步。

（4）我也要办一张健身卡。

（5）你爱好跳舞还是唱歌？/你爱好唱歌还是跳舞？

4.（答案合理即可，以下供参考)

（一）

（1）你的爱好是什么/你爱好什么

（2）唱歌

（3）我爱好看书

（二）

(4) 练习跑步

(5) 健身吗

(6) 瑜伽

(7) 一张健身卡

5. (1) 你有没有好朋友？/你有好朋友吗？

(2) 我们不都是老师。

(3) 我没有健身卡。

(4) 你吃米饭还是炒面？/你吃米饭吗？/你吃炒面吗？

(5) 我刚来，所以不认识他。

(6) 我们都是很好的人。/我们都很好。

6. （略）

7. （略）

8. （略）

第十三课　周末打算做什么

1. 打网球　　　踢足球　　　打游戏/玩游戏　　　骑自行车
　　钓鱼　　　　烧烤　　　　山　　　　　　　　队

2.（1）跟　　　（2）比赛　　　（3）骑　　　（4）支持

　　（5）钓鱼　　（6）打算　　　（7）玩

3.（1）你吃不吃炒饭？

　　（2）你买不买本子？

　　（3）你要不要茶？

　　（4）你喝不喝可乐？

　　（5）她漂亮不漂亮？／她漂不漂亮？

　　（6）你饿不饿？

　　（7）手机贵不贵？

　　（8）你的老师年轻不年轻？／你的老师年不年轻？

4.（1）这瓶可乐是我的。

　　（2）这个书包是红的。

　　（3）这些包子是妈妈做的。／这个包子是妈妈做的。

　　（4）那个网球是朋友的。

　　（5）那个手机是旧的。

　　（6）这个钱包是老师的。

5.（1）周末你的姐姐打算做什么？／你的姐姐周末打算做什么？

　　（2）我不支持他们的足球队。

　　（3）我要在宿舍玩游戏。

　　（4）你可以看书也可以打网球。／你可以打网球也可以看书。

　　（5）喝很多酒对身体不好。

　　（6）我要跟朋友去看比赛。

6.（1）我跟妈妈一起去打网球。

（2）喝很多酒对身体不好。

（3）他在宿舍玩游戏。

（4）你可以吃包子，也可以吃米饭。

（5）我跟他一起支持西班牙队。

（6）你去不去学校？/你去学校吗？

（7）我跟朋友一起去银行。

7.

| 香肠 | 鸡翅 | 茄子 | 韭菜 |

| qiézi | jiǔcài | jī chì | xiāngcháng |

- -

| 生蚝 | 面包 | 羊肉 | 玉米 |

| yùmǐ | yáng ròu | shēng háo | miànbāo |

8.（略）

9.（略）

第十四课　我住在北京路

1.

(1)	怎么	堵车	听说	打车	方便	常常	超市	从
	③	①	⑦	④	⑥	⑧	②	⑤
(2)	为什么	宿舍	比较	附近	商店	迟到	因为	分钟
	⑤	③	⑦	①	⑧	④	⑥	②

2.（答案合理即可，以下供参考）

A：为什么你今天迟到

B：因为我起晚了

3.（答案合理即可，以下供参考）

我住在　美国　，离中国/……　很远　，坐　飞机　要　20

（多）个小时。

4.（略）

5.（1）中国离美国太远了。/美国离中国太远了。

（2）从银行到图书馆要二十分钟。/从图书馆到银行要二十分钟。

（3）你坐车到学校要多长时间？/坐车到你学校要多长时间？

（4）北京路附近很方便。

（5）这里这个时间常常堵车。/这个时间这里常常堵车。

（6）你为什么迟到？

6.（1）从我家到学校很远。/我家离学校很远。

（2）为什么不去？

（3）从银行到商店要二十分钟。

（4）学校离咖啡店很近。

（5）去图书馆要多长时间？

（6）饭店离学校有 200 米。/饭店到学校有 200 米。

（7）坐地铁去学校要二十多分钟。

7.（略）

8.（略）

9.（略）

第十五课　可以打折吗

1.（答案合理即可，以下供参考）

（1）我看看这本书，可以吗？

（2）周末我喜欢听听音乐。

（3）请你说说你的家。

（4）我想试试那件衣服。

（5）吃吃我做的菜吧。

2.（1）有点儿　　　　一点儿

（2）有点儿　　　　一点儿

（3）有点儿　　　　一点儿

（4）有点儿

（5）有点儿　　　　一点儿

（6）有点儿　　　　一点儿

3.（答案合理即可，以下供参考）

（1）他正在做作业。

（2）她正在吃包子。

（3）她正在买衣服。/他正在等女朋友。

（4）他正在钓鱼。

（5）她正在打电话。

（6）他们正在看书。/他们正在学习。

4.（答案合理即可，以下供参考）

（1）这个包有点儿贵。

（2）包贵一点儿，口红便宜一点儿。

（3）我试试衣服。

（4）商店正在打折。

（5）她去书店看书。

（6）他们在买单。

5.（答案合理即可，以下供参考）

我的书包是红色的，颜色有点儿深，价格有点儿贵，但是质量挺好的，大小很合适。

6.（1）我去商店买衣服。

（2）我认识一个漂亮的老师。

（3）他正在听音乐。

（4）我写了那个汉字。

（5）这件衣服小一点儿。/这件衣服有点儿小。

（6）这件贵一点儿，可以便宜一点儿吗？

（7）这家商店在打折。/这家商店有折扣。

7.（1）条　　　（2）试试　　　（3）试衣间　　　（4）大小

（5）颜色　　　（6）浅色　　　（7）合适　　　（8）质量

（9）有点儿　　（10）打折　　　（11）特价

8.（略）

9.

（1）	长裤　　马甲　　长袖 T 恤　　外套　　羽绒马甲

（2）	内裤　　袜子　　领带　　蝴蝶结

（3）	礼帽　　手套　　盆帽　　保暖帽

（4）　护耳帽　　皮带　　墨镜　　近视眼镜　　太阳镜

（5）　围巾　　耳环　　项链　　手表

词汇表 Vocabulary

生词总表（按音序排列）

A

阿姨*	āyí	(5)
啊*	a	(6)
爱	ài	(9)
爱好	àihào	(12)
安静	ānjìng	(11)

B

爸爸	bàba	(9)
吧	ba	(4)
百	bǎi	(15)
班	bān	(10)
办	bàn	(12)

注：括号里的数字表示生词所在的课。

Note：The numbers in brackets indicate the lesson where the new words are located.

半	bàn	（8）
包子	bāozi	（5）
保安	bǎo'ān	（9）
杯	bēi	（11）
北△	běi	（7）
本	běn	（4）
比较	bǐjiào	（14）
比赛	bǐsài	（13）
笔	bǐ	（4）
边	biān	（7）
冰	bīng	（11）
不	bù	（2）
不客气	bú kèqi	（3）
不用	búyòng	（2）

C

菜单	càidān	（11）
草莓*	cǎoméi	（11）
层	céng	（9）
茶	chá	（6）
差	chà	（8）
长	cháng	（14）
常	cháng	（10）
唱歌	chàng gē	（12）

超市	chāoshì	（14）
炒面	chǎomiàn	（5）
吃	chī	（5）
迟到	chídào	（14）
出租车	chūzūchē	（7）
穿	chuān	（15）
从	cóng	（14）

D

打	dǎ	（13）
打车	dǎchē	（8）
打算	dǎsuàn	（13）
打折	dǎzhé	（11）
大	dà	（11）
大小	dàxiǎo	（15）
带	dài	（11）
但是	dànshì	（12）
蛋糕	dàngāo	（11）
当然	dāngrán	（12）
到	dào	（7）
的	de	（2）
等	děng	（15）
地铁	dìtiě	（7）
第	dì	（8）

非常	fēicháng	（12）
分	fēn	（8）
分钟	fēn zhōng	（14）
份	fèn	（5）
服务员*	fúwùyuán	（5）
父母	fùmǔ	（14）
附近	fùjìn	（14）

G

咖喱*	gālí	（5）
刚	gāng	（10）
高兴	gāoxìng	（1）
个	gè	（2）
给	gěi	（4）
跟	gēn	（13）
公交车	gōngjiāo chē	（7）
公斤	gōngjīn	（4）
拐	guǎi	（7）
贵	guì	（4）
国	guó	（1）

H

| 还 | hái | （10） |

还是	háishi	(11)
汉堡	hànbǎo	(6)
好	hǎo	(1)
好久不见	hǎojiǔ bújiàn	(3)
好看	hǎokàn	(15)
好玩儿	hǎowánr	(13)
号	hào	(8)
号码	hàomǎ	(9)
喝	hē	(5)
合适	héshì	(15)
和	hé	(7)
很	hěn	(1)
红	hóng	(6)
红茶	hóngchá	(6)
后边△	hòubian	(7)
后天	hòutiān	(9)
花园	huāyuán	(9)
或者	huòzhě	(12)

J

鸡	jī	(5)
鸡蛋	jī dàn	(5)
几	jǐ	(8)
加	jiā	(10)
家	jiā	(3)

见	jiàn	（9）
件	jiàn	（15）
健身	jiànshēn	（12）
健身房	jiànshēnfáng	（12）
饺子	jiǎozi	（5）
叫	jiào	（1）
姐姐	jiějie	（3）
介绍	jièshào	（3）
斤	jīn	（4）
今天	jīntiān	（11）
近	jìn	（14）
举	jǔ	（12）

K

咖啡*	kāfēi	（7）
卡	kǎ	（12）
看	kàn	（11）
可乐	kělè	（5）
可以	kěyǐ	（4）
刻	kè	（8）
空	kōng	（14）
空房	kōngfáng	（14）
口	kǒu	（9）
块	kuài	（4）

L

来	lái	(9)
蓝色	lán sè	(15)
老板	lǎobǎn	(4)
老师	lǎoshī	(2)
离	lí	(14)
联系	liánxì	(10)
练习	liànxí	(12)
两	liǎng	(4)
聊天*	liáotiān	(10)
零*	líng	(8)
楼	lóu	(9)
路	lù	(7)
路口	lùkǒu	(7)
路人	lùrén	(7)

M

妈妈	māma	(3)
码	mǎ	(15)
吗	ma	(2)
买	mǎi	(4)
买单	mǎidān	(15)
卖	mài	(4)

忙	máng	(9)
没	méi	(8)
们	men	(1)
米饭	mǐfàn	(5)
名字	míngzi	(1)
明天	míngtiān	(8)

N

拿铁*	nátiě	(11)
哪	nǎ	(1)
哪儿	nǎr	(6)
那	nà	(2)
那儿	nàr	(14)
那些	nàxiē	(5)
南△	nán	(7)
呢	ne	(1)
你	nǐ	(1)
你好	nǐ hǎo	(1)
年轻	niánqīng	(3)
您	nín	(3)

P

| 跑步 | pǎobù | (12) |

朋友	péngyou	(3)
啤酒	píjiǔ	(6)
便宜	piányi	(4)
漂亮	piàoliang	(2)
苹果	píngguǒ	(4)
瓶	píng	(5)

Q

骑	qí	(13)
前边	qiánbian	(7)
钱	qián	(4)
浅	qiǎn	(15)
请问	qǐngwèn	(5)
去	qù	(6)
全	quán	(3)
拳击*	quánjī	(12)
裙子	qúnzi	(15)

R

热	rè	(11)
人	rén	(1)
认识	rènshi	(1)

S

扫	sǎo	（10）
商店	shāngdiàn	（14）
上课	shàngkè	（8）
烧烤*	shāokǎo	（6）
稍	shāo	（15）
少	shǎo	（4）
谁	shéi/shuí	（2）
申请	shēnqǐng	（10）
身体	shēntǐ	（13）
深	shēn	（15）
什么	shénme	（1）
时间	shíjiān	（8）
食堂*	shítáng	（5）
试	shì	（15）
试衣间*	shì yī jiān	（15）
视频*	shìpín	（10）
是	shì	（1）
手机	shǒujī	（2）
售货员*	shòuhuòyuán	（15）
书	shū	（4）
刷	shuā	（15）
刷卡	shuākǎ	（15）
双	shuāng	（15）

碗	wǎn	（5）
网球	wǎngqiú	（13）
往	wǎng	（7）
微信*	wēixìn	（4）
为什么	wèi shénme	（14）
位	wèi	（3）
问	wèn	（5）
我	wǒ	（1）

X

西△	xī	（7）
西红柿*	xīhóngshì	（5）
喜欢	xǐhuan	（12）
下课	xiàkè	（8）
下载	xiàzài	（10）
现金	xiànjīn	（15）
现在	xiànzài	（7）
想	xiǎng	（13）
小	xiǎo	（11）
小票	xiǎopiào	（11）
小时	xiǎoshí	（14）
些	xiē	（5）
鞋	xié	（15）
谢谢	xièxie	（2）

新	xīn	（10）
星期六	xīngqī liù	（8）
星期天	xīngqītiān	（8）
学生	xuéshēng	（10）
学习	xuéxí	（10）
学校	xuéxiào	（8）

Y

哑铃 *	yǎlíng	（12）
颜色	yánsè	（15）
要	yào	（4）
也	yě	（1）
一点儿	yìdiǎnr	（4）
一共	yígòng	（4）
一起	yìqǐ	（6）
一下	yíxià	（9）
一样	yíyàng	（11）
衣服	yīfu	（15）
以后	yǐhòu	（10）
因为	yīnwèi	（14）
音乐	yīnyuè	（12）
银行	yínháng	（7）
用	yòng	（2）
游戏 *	yóuxì	（13）

有	yǒu	（8）
有点儿	yǒudiǎnr	（15）
右△	yòu	（7）
瑜伽*	yújiā	（12）
语音	yǔyīn	（10）
远	yuǎn	（14）
月	yuè	（8）

Z

再	zài	（6）
再见	zàijiàn	（6）
在	zài	（5）
早茶	zǎochá	（8）
怎么	zěnme	（2）
怎么样	zěnmeyàng	（6）
站	zhàn	（14）
张	zhāng	（12）
找	zhǎo	（9）
照片	zhàopiàn	（3）
这	zhè	（2）
这儿	zhèr	（11）
这个	zhège	（2）
这里	zhèlǐ	（10）
这些	zhèxiē	（5）

真	zhēn	（3）
正在	zhèngzài	（15）
支	zhī	（4）
支持	zhīchí	（13）
支付	zhīfù	（4）
支付宝*	zhīfùbǎo	（11）
芝士*	zhīshì	（11）
知道	zhīdào	（2）
质量	zhìliàng	（15）
中	zhōng	（11）
中间	zhōngjiān	（7）
中午	zhōngwǔ	（5）
周末	zhōumò	（13）
住	zhù	（9）
自行车	zìxíngchē	（13）
走	zǒu	（7）
足球	zúqiú	（13）
最近	zuìjìn	（3）
左	zuǒ	（7）
作业	zuòyè	（6）
坐	zuò	（7）
做	zuò	（6）
做客	zuòkè	（9）

专名

阿里	Ālǐ	(1)
埃及	Āijí	(10)
艾文	Àiwén	(2)
安娜	Ānnà	(10)
北京路	Běijīng Lù	(7)
大夫山	Dàfū Shān	(13)
德国	Déguó	(10)
法国	Fǎguó	(1)
广州酒家	Guǎngzhōu Jiǔjiā	(8)
林一	Lín Yī	(6)
麦当劳	Màidāngláo	(6)
美国	Měiguó	(1)
米娜	Mǐnà	(10)
米亚	Mǐyà	(1)
王乐乐	Wáng Lèle	(11)
西班牙	Xībānyá	(13)
星巴克	Xīngbākè	(6)
英国	Yīngguó	(10)
中国	Zhōngguó	(7)
中国银行	Zhōngguó Yínháng	(7)
中文	Zhōngwén	(2)

MPR 出版物链码使用说明

本书中凡文字下方带有链码图标"━━"的地方，均可通过"泛媒关联"App 的扫码功能或"泛媒阅读"App 的"扫一扫"功能，获得对应的多媒体内容。

您可以通过扫描下方的二维码下载"泛媒关联"App、"泛媒阅读"App。

"泛媒关联" App 链码扫描操作步骤：

1. 打开"泛媒关联"App；

2. 将扫码框对准书中的链码扫描，即可播放多媒体内容。

"泛媒阅读" App 链码扫描操作步骤：

1. 打开"泛媒阅读"App；

2. 打开"扫一扫"功能；

3. 扫描书中的链码，即可播放多媒体内容。

扫码体验：